后发制人，让无数前辈倒在腾讯脚下；把握机遇，让无数同行败于腾讯面前。

孙向杰◎编著

马化腾

领跑互联网

群言出版社
QUNYAN PRESS
·北京·

图书在版编目(CIP)数据

马化腾：领跑互联网 / 孙向杰编著. —— 北京：群言出版社，2016.5
ISBN 978-7-5193-0108-8

Ⅰ. ①马… Ⅱ. ①孙… Ⅲ. ①马化腾-生平事迹②网络公司-企业管理-经验-中国 Ⅳ. ①K825.38 ②F279.244.4

中国版本图书馆 CIP 数据核字(2016)第 093288 号

责任编辑：潘　昊
封面设计：孙希前

出版发行：群言出版社
社　　址：北京市东城区东厂胡同北巷 1 号（100006）
网　　址：www.qypublish.com
自营网店：https://qycbs.tmall.com(天猫旗舰店)
　　　　　http://qycbs.shop.kongfz.com(孔夫子旧书网)
　　　　　http://www.qypublish.com(群言出版社官网)
电子信箱：qunyancbs@126.com
联系电话：010-65267783　65263836
经　　销：全国新华书店
法律顾问：北京天驰君泰律师事务所

印　　刷：北京天正元印务有限公司
版　　次：2016 年 8 月第 1 版　2016 年 8 月第 1 次印刷
开　　本：710mm × 1000mm　1/16
印　　张：15
字　　数：226 千字
书　　号：ISBN 978-7-5193-0108-8
定　　价：35.00 元

前 言

1971 年 10 月 29 日，马化腾生于广东省汕头市潮南区。

1993 年马化腾取得深圳大学理科学士学位。在创办腾讯之前，马化腾曾在中国电信服务和产品供应商深圳润迅通讯发展有限公司主管互联网传呼系统的研究开发工作，在电信及互联网行业拥有 10 多年经验。

1998 年和好友张志东注册成立“深圳市腾讯计算机系统有限公司”。

2009 年，腾讯入选《财富》“全球最受尊敬 50 家公司”。

在 2014 年 3000 中国家族财富榜中马化腾以财富 1007 亿元荣登榜首，相比于 2013 年，财富增长了 540 亿元。

2015 年 2 月 13 日，入选“2014 中国互联网年度人物”活动获奖名单。

2015 年 3 月 2 日，《福布斯》发布 2015 年福布斯中国富豪榜单，马化腾以 161 亿美元位列第六。4 月，《财富》2015“中国最具影响力的 50 位商界领袖”排行榜荣登第 2 位。

马化腾的成功，让众多企业家惊叹，因为他取得的成功是超凡的成功。大部分人很难将行事低调、性格内敛的他与强悍、凶猛的“QQ 企鹅”联系在一起。这是因为，腾讯 QQ 以席卷整个互联网之势傲然孑立，而能够率领这样的企业的人也必定是让人敬畏三分的，但马化腾给人的感觉却极为亲切。然而就这样一个人，却创造了中国市值最大的互联网企业——腾讯，这着实令人震惊。

腾讯在马化腾的带领下，一路攻城略地，涉足多个领域——门户网站、网络游戏、电子商务、电子邮箱、搜索引擎等。更令人震惊的是，腾讯不仅在即时通信领域是当之无愧的霸主，在所涉足的其他领域亦名列前茅。那么，马化腾凭什么创造出这样的辉煌，多年来又缘何能够在竞争激烈的互联网领域始终保持强劲的势头呢?

重视修身、善于用人、眼光高远、懂得经营、开拓创新、看重品牌、讲究战略……具备了这些能力的马化腾，怎么能不创造旷世奇迹呢?

他是“QQ 之父”，他也是“山寨教父”。精于模仿加适度创新，成就了马化腾网络帝国的商业奇迹。打工族如何华丽转身成功创业?马化腾给出了一个近乎标准的答案。

本书以腾讯的企业发展史为主轴，将马化腾的成功管理思维一一加以剖析展示，以让读者全面了解他是如何修身、用人、经营、创新、开拓、竞争、打造品牌的。由此，也希望为创业者、管理者和职场经理人走向成功提供一个样本，并让自己的理念得到洗礼、思想得到升华、境界得到提升。阅读马化腾，更能学到“具有中国特色”的商业智慧。

目录

第一课　打江山不易——马化腾谈创业

第二课　“跑得快”，更要“跑得好”——马化腾谈“跑赢互联网”

第三课　掌控需求,把握核心——马化腾谈扩张战略

第七课　实力才是王道——马化腾谈“危机竞争”

第一课

打江山不易——马化腾谈创业

在我的生命中，除了工作之外，现实生活中其他事情很少能使我产生兴趣。我对任何事情都很专注，尤其是对 QQ 的专注，这种专注使我获得了前进的动力。无论人们对 QQ 做何种评价，对我做何种评价，我都专注于自己的工作，坚持做好自己的事情。

——马化腾

QQ 之父——马化腾

1971 年 10 月 29 日，马化腾出生于广东省汕头市潮南区成田镇家美社区家一村。

马化腾在海南出生，深圳长大。相比同时代大部分互联网的创业者，马化腾有着不一样的家庭背景。马化腾的父亲马陈术是中共党员，中专学历，经济师，曾担任交通部海南八所港务局会计、统计员、计划科科长、副局长，深圳市航运总公司计财部经理、总经理，深圳市盐田港建设指挥部副总指挥，深圳市盐田港集团有限公司副总经理，1997 年被选为盐田港上市公司的董事，现已退休。

马陈术是潮汕人，是李嘉诚的乡党，所服务的盐田港又是李嘉诚最喜欢的业务形态之一，加上第一次给腾讯做风险投资者中出现过香港盈科的身影，因此很多人都在猜测马化腾的父亲与李嘉诚之间是不是有很多交往，而这种交往给马化腾以很多帮助。

不过，这些都只是猜测，马陈术对儿子最直接的帮助主要是在腾讯公司早期开着奔驰前来给儿子做账，而间接的帮助可能是公司治理和资本市场运营方面的经验传承。马陈术说，“腾讯”这个名字也是他起的，寓意“万马奔腾的信息时代”，当时公司的注册也是由马陈术帮忙，以马化腾母亲的名义注册，一直到 1999 年风险投资进入时，才将股份完全转让给马化腾。

童年时，当时马化腾的父母在东方县（原属广东省，海南建省后划归海南省）工作，1984 年 13 岁正在读初二时马化腾随家人从海南迁至深圳。后就读于深圳大学计算机系计算机专业。

据说，马化腾小时候很乖，是个闷葫芦，迷恋过天文，经常想很多自然科学的东西，最大的兴趣还是和天上的星星交流。他原来也准备是朝着天文方面发展的，后来老师告诉他，学天文的最终就业去天文台的少，很多都是去当地理老师。那时候他也开始接触计算机，并且成了第一代“网虫”，他坦言自己现在还是把大部分时间都花在了网上。

“在网上我才会获得完全的兴奋。”马化腾痴迷网络不是为了逃避和消遣，而是当做事业来做，他的痴迷更是一种专注。现在马化腾出差很少，他觉得“出差效率太低，都耗在路上了”。除非特别重要的活动和会议，马化腾一般都不参加。

在互联网行业中脱颖而出

马化腾祖籍广东潮州，但鲜有人知他是在海南儋州长大的，在那里他度过了自己的童年及少年时光。

距儋州市区15公里，有一个著名的水库——松涛水库。松涛水库是全国十大水库之一，有网友这样评价它：山之绵亘，水之浩瀚，幅员辽阔，资源之丰厚不仅海南，在全国都属罕有。松涛水库坐落在海南第一大河——南渡江上游，位于海南中、西主干公路交会处。

这是马化腾特别喜欢的去处，水滋养了他的童年、他的性情，在这里，他度过了他的小学生涯。

1984年7月，马化腾13岁，随父母从海南儋州移民至广东深圳，正式开始了他的“深圳故事”。马化腾大学就读的是深圳大学，直至他大学毕业进入润讯公司，后自主创业成立腾讯公司，成就今日的腾讯辉煌，无一不打上“深圳标志”。

他的经历背景：生于海南，长于海南，读书、创业、成就于深圳。这些地方都跟水密切相关。

是水滋养了他的心智。

1993年从深大毕业后，马化腾进入深圳润迅公司做软件工程师。通过早期的互联网，马化腾结识了很多“网虫”朋友，其中的一些人后来成为叱咤互联网江湖的风云人物，例如网易的丁磊、金山的求伯君。

1998年11月11日，马化腾和几个同学成立了自己的软件公司，当时公司很小，主营业务是为其他公司做软件外包。据马化腾回忆，当时跟他很熟的丁磊正在做邮箱系统，之后也卖了很多版本。“我也做过邮件，也给寻呼台做过互动系统，比如短信查邮件什么的，即时通信是其中一个项目。当时为了谋生，啥业务都敢接，做网页、做系统集成、做程序设计……”

不过最早做企业的时候，马化腾从未想过会成就一个现在这样规模的腾讯帝国，用马化腾的话讲：“从没想过一定要开公司当老板，我们几个同学只是想有个机会去发挥所长，最好有点儿小回报，仅此而已。”

在回忆如何做起 QQ 的时候，马化腾唏嘘感慨：“当时电信部门比较重视增值服务，而广州电信在这块有预算，市场上有好几家做即时通信产品的企业盯着这块市场。在投标的过程中，为了抢先，我甚至在产品定型前就先写好了投标书，结果当然是投标失败。但现在想想还真是幸运，这些拿到项目的公司在收到钱后自然没有动力继续维护、发展产品，只有我们的 QQ 被砸在手上，才会持续做下去。”随后 QQ 用户的增长却让人始料未及。用马化腾的话来形容：“到了 2000 年的时候，随便走进一个网吧，聊天工具 QQ 跳动的企鹅已经成了流行，我没想到那么多人在网上争着和认识、不认识的人聊天，好多人用 QQ 聊天是为了学习打字。”

在回忆创业历程时，马化腾称：“初期运气占得比较重，至少 70%，但是 2001 年之后主要还是靠自己。我也没有什么特别幸运的事，不幸的东西也挺多的，就是自己要去扛、自己想办法。”

这办法便是务实、专注、创业热忱。

“10 年间，腾讯获得并奉行了一个非常宝贵的可持续发展秘诀——绝不追求单向经济效益最大化，而是以用户价值与社会价值最大化、协调统一发展为方向。”依托于网民的马化腾这样说。

马化腾的创业途径很符合年轻人对所谓“知识英雄”的想象：写代码出身，几个同学合伙创业，一起加班吃盒饭，熬夜改产品，凭借创意和勤奋取得成功，慢慢地公司上市，简陋的办公室换成了宏伟的大楼，创始人进入富豪榜。

大佬的打工生涯

每一件事情的成功都需要付出努力，没有努力哪来成功？马化腾的第一桶金就是从工程师开始的，那时担任“股霸卡”的开发，也是在不经意间发了一笔小财。

1993 年，马化腾从深圳大学计算机系毕业。凭借着出色的计算机技术，他进入润迅做了一个软件工程师，从事互联网传呼系统研究开发工作。外表看起来文弱的马化腾踏上了职业生涯的第一站，这时的他对计算机的痴迷有增无减。

参加工作后的马化腾对自己所从事的职业非常热爱，每天都在思考工作上的问题。当时，他这个工程师的月薪大概在 1000 ~ 2000 元，即便加上年底的分红也没有多少积累，但这丝毫没有减少他对工作的热情。

马化腾在计算机方面出色的表现很快为他争取了一个机会，担任开发“股霸卡”的开发部主管。结果这个软件很受人们的欢迎，马化腾也在不经意间发了一笔小财。

“股霸卡”是马化腾做工程师期间的第一桶金，这个收获对他来说有很大的影响。这次成功，让马化腾感受到了技术的重要性，同样也让他看到了计算机行业的前景，对他以后事业的发展起着至关重要的影响。

年轻的马化腾在他的第一个工作岗位上干得如鱼得水，出色的业务水平很快得到了领导的赏识和提拔，并升为部门主管。在工作期间，马化腾深刻地认识到了软件工程的实用性。

马化腾的这一理念与当今另一 IT 巨子马云的想法不谋而合。马云曾说：“如果从用户满意度来讲，现在所有的搜索都不合格，都不是真正意义上的搜索。这些搜索引擎在网页和新闻上的人为分类，更多是出自工程师的脑袋，而不是从用户出发。”马化腾的“实用主义”理念在“股霸卡”上得到验证。当时很多人都为炒股如痴如狂，马化腾当即与人合作，开发出针对股民的“股霸卡”，结果这个软件一炮而红，在市场上几度脱销。

这一事件之后，马化腾的名字在圈子里被人们传开，在众圈友的眼里，他可是一个不可多得的电脑专家。因为工作的原因，马化腾所认识的圈友大多都是小有实力的“boss”，他们需要马化腾为自己编写一些实用的小程序，而马化腾也通过这些源源不断的外块有了一笔积蓄，小日子过得很是滋润。由于开发“股霸卡”，马化腾自己也一头扎进了股市，有着敏锐而坚韧个性的马化腾很快创下了将 10 万元炒到 70 万元的辉煌战绩，奇迹般拥有了百万身家。

马化腾真正接触网络是在他进入润迅后的第三年。1995 年，马化腾在惠多网挂了半年多之后，就投资了 5 万元，在家里弄了 4 条电话线和 8 台电脑，承担起惠多网深圳站站长的角色。回忆那段时间的生活，马化腾极为自豪：“在网上我才会获得完全的兴奋，至今也没有改变过。”在那个时候，装一部电话就要 4000 多元初装费，可幸好马化腾的姐姐和几个亲戚在电话公司工作，申请了半价安装。那时马化腾一出差就要母亲帮他管理网站，每次临出门前都要写一张字条给母亲，告诉母亲一旦有网友打电话来说网络不通，就按照字条上的步骤排除故障，确保网络通畅。正是因为马化腾对计算机的热爱，对事业上的执著和付出，使他获得了出席第一届和第二届全国 BBS 站长大会的机会。

马化腾的成功完全取决于他对自己事业的热爱与执著。他不是要与谁攀比，不是要证明自己有多了不起，只是希望自己研发出来的东西能够给人们带去方便，让人们接受。他追求的不是名声和地位，相反，他更愿意扮演一个小角色，默默地付出。

开始了艰难的创业

1998 年 10 月，已经做到开发部主管位置的马化腾递交了辞呈，结束在润讯公司为期 5 年的打工生涯。

马化腾这个人比较崇尚共享、自由，这一点与其他创业者有着很大的区别。他不会单纯强调“我”的价值，他非常清楚团队的意义，所以他找来了伙伴一起创业。辞职不久，在深圳华强北赛格科技园 2 栋 4 楼一间狭小的办公室里，带着把寻呼业务搬到互联网上的想法，马化腾与伙伴一起开始了艰难的创业。

马化腾开始创办公司这一年，也是世界互联网的繁荣时期：此前专注软件开发的王志东，促成了四通在线与美国华渊资讯的合并，在北京创建了以提供新闻为主的新浪网；张朝阳经营的爱特信公司正式推出“搜狐”产品，并将公司名字改为搜狐；在美国斯坦福大学计算机研究博士班就读的佩奇与布林决定建立一个网站，为人们提供搜索服务，谷歌从此进入人们的视线。

腾讯公司的核心业务——即时通信软件，也在这一年开始孵化。当时，对于是否上马 ICQ 项目，腾讯的股东的确存在过激烈的争论。“最后，对网络技术发展方向的认同感使大家求同存异，我们开始对 ICQ 技术倾注偏爱。”马化腾说。

创业初期的道路都是艰难的，那段日子也是最关键的。只要坚定创业的信心，把准创业的方向，就一定会拥有一个光明的前景。

成立腾讯公司

对于互联网公司来说，名字的重要性不言而喻。一个简洁响亮、易于传播的名字，对公司品牌的建立大有帮助。可以说，每一个成功的互联网公司都有一个与众不同的好名字。张朝阳的搜狐、李彦宏的百度、李国庆的当当，这些名字都非常有特色，每一个名字背后都蕴含着一个小故事。再如马云的阿里巴巴，当别人问马云为什么起“阿里巴巴”这个名字时，马云说，当时自己想做一家有八十年历史的能够影响全世界的互联网公司，就想到了这个词。马云认为，全世界的人对这个名字都不陌生，做互联网公司的名字是再合适不过的。

马化腾为公司起名叫“腾讯”，也蕴含着深刻的意义。一方面，马化腾的名字里有个“腾”字，公司和自己密切相关；另一方面，“腾”包含着腾飞、发达的意思。后缀为“讯”，是参考美国著名的通讯公司朗讯而起的。至于英文名Tencent，也是参考了朗讯科技（Lucent）。腾讯在香港上市后，经常被香港人称为“十分钱”（tencent），正好那时的腾讯属于一个SP（短信内容提供商）公司，用户发短信一毛钱一条，正好十分钱，与腾讯这个名字很是贴切。

人们的日常生活离不开即时通讯，可以说，人们只要一接通互联网，首先便是打开即时通讯工具。当前的即时通讯软件功能更加强大，内容更加丰富，它集成了数据交换、语音聊天、网络会议、电子邮件的功能，使网上的交流越来越方便和直接。除此之外，它还逐步整合其他的通信方式，如e－mail和短信功能，使其逐渐成为一个强大的个人网上通信交流平台。可马化腾最初接触的却是由以色列人开发的ICQ，它是国外最早，也是最有代表性的一款即时通讯软件，它的出现开创了即时通讯的先河。

辉煌一时的ICQ在中国已经时过境迁，其原因有多个。首先在于其实际拥有者的保守经营方式，经营者没有意识到ICQ的出现实际上引发了一场现代通讯业的革命，在其出现之初，没有将视野投向广阔的世界市场，所以只是象征性地在全球推出了英文版。直到ICQ被全世界的人都接受之后，经营者依然没有意识到其宽阔的发展前景，以至于错失机会。

其次，语言单一也是ICQ的一个致命伤，当具有本土特色的即时通讯软件异军突起时，用户几乎毫无留恋地选择了更具人性化的本土产品。

当马化腾认识到这些问题时，决心开发一个具有本土特色的即时通讯软件，于是腾讯QQ就这样诞生了。

马化腾最初的想法很简单——探索、提升自己的价值。当时，马化腾手中已经有了百万的积蓄，已经不再需要为生计而奔波，可以把精力和爱好更有目的地转移到自己更热爱的行业上。于是，在1998年11月，马化腾与自己的好同学张志东合作，在深圳注册了腾讯计算机系统有限公司。

在公司成立之初，马化腾身上并没有那种“争霸天下，舍我其谁”的英雄气概，只是想利用自己的工作经验把寻呼与网络联系起来，开发无线网络寻呼系统。这个仅有十几个人的小公司为了继续生存下去，其业务范围可谓四处开花，做网页、做系统集成、做程序设计。但庆幸的是，这些看似繁杂的业务没有难倒他们，因为他们几乎是深圳第一批搞互联网的人。

直到1999年2月，马化腾与张志东终于腾出时间来开发一个中文ICQ软件——OICQ，这是腾讯公司走向辉煌的转折点。

当时的互联网行业在国内起步不久，只有一些追求新潮的大学生热衷上网冲浪，而OICQ的主要用户群恰恰也是这些可爱的小伙子、大姑娘。奇迹就这样诞生了，只要有人上网，电脑桌面的右下角就一定会有个象征腾讯的胖乎乎的小企鹅不断地闪现。

1999年11月，OICQ用户注册数突破100万。

2000年4月，OICQ用户注册数达500万。

2000年5月28日，《人民日报》刊登：“5月27日晚20点43分，QQ同时在线人数首次突破10万大关。”

2001 年 5 月 9 日，美国在线（AOL）旗下著名的即时通信软件 ICQ 注册用户数量突破 1 亿大关，但令他们意外的是：同一年年底，腾讯 QQ 的注册用户超过 9000 万，并且以每天 39 万的数量继续稳定增长，而腾讯 QQ 仅仅用了三年，比 ICQ 少用了一半时间。

2001 年 3 月 25 日，腾讯推出了 OICQ2000 的最新测试版，企鹅公主的形象就这样突然来了一个大变，拗口难听的名字改了，原来连名带姓一起叫，OIC（姓）Q（名），现在 OIC 省了，就叫名儿，还来个叠音——QQ。这样的名字叫起来更亲切了，而且还很顺口，小企鹅的外在形象也改变了，以前的小家碧玉改头换面成大家闺秀了。

当时根本没有人会相信腾讯能够做起来，以至于连个投资者都没有。因为三大门户已经在市场上稳定很长时间了，人们都不相信还有谁能超越它们，所以，腾讯就这样被人们低估了。

尽管如此，马化腾始终都没有放弃，他将目标放在了娱乐上。2006 年第一季度，腾讯终于跻身三大门户。权威统计机构 Alexa 和艾瑞当时的流量监测显示：截至 2006 年 4 月底，腾讯网已经连续三个月流量稳居门户三甲。马化腾向人们证明了自己的能力，同时也让人们重新认识了腾讯，接受腾讯 QQ，这为他以后的事业奠定了坚实的基础。

起初的腾讯不被人们看好，甚至连投资者都找不到，但这并没有打消马化腾的意志，在他的不懈努力下，腾讯终于走上了成功的道路。

努力地使自己生存下来

大部分企业在开办之初都碰到过一个刻骨铭心的难题，这就是——生存。腾讯在组建起来后，生存成了最困扰马化腾的大问题。腾讯的创业历程与很多如今知名的，且也是白手起家的公司有着相同的故事。

马化腾曾说，腾讯在最困难的时候最害怕的就是周末。当时腾讯租了一间房子，水电费需要自理，因此最大限度地节约是节省成本的一个方面。一般到周末时，腾讯的创始人也一样要加班加点，所以机房就必须开着，到了夏天，空调也是要持续工作的，所以成本便急速地攀升着。今天的人们可能难以理解，现在身价极高的腾讯公司掌门人当初会为了节省水电费而头疼。但事实就是如此，那时的马化腾手中的资金匮乏，而且公司的盈利模式还处于不清晰的状态中。

由于公司的规模小，所以在经营上就不能随意选择。除了主营业务——为其他公司做软件外包，马化腾等人为了让公司获得更多的利润，基本上什么业务都会接：做网页、做系统集成、做程序设计……甚至有一段时间，得知好友丁磊做邮箱后，他也萌生了这一想法。他说："我也做过邮件，也给寻呼台做过互动系统，比如短信查邮件什么的，即时通信是其中一个项目。"主营业务加上副业，其实尚不能让当时的腾讯有更大的盈利空间。另外，他们最初对市场并不了解，做出的产品在向运营商推销时又因不清楚市场运作而经常被拒之门外。

有时候，那些运营商甚至连见都不肯见。因此而来的挫败感对马化腾等人的打击有多大是可想而知的。不过，他们还是坚信只要锲而不舍，经过不断的尝试就会获得顾客的认可与接纳。这样四处讨生活的日子直到 1997 年才有了告一段落的苗头，因为这时的马化腾接触到了 ICQ。他一下便被这个新鲜的玩意儿吸引了，在注册并使用了一段时间后，他发现 ICQ 只有英文界面，同时在使用操作技术上的要求也比较高，这在普通用户中间是很难推广的。又因为只支持英文，所以在中国全面铺开就更是比登天还难。

腾讯在成立时，几个创始人的初衷是将寻呼和网络联系起来发展业务，而且众人在这方面已经有些心得了。但 ICQ 的出现让马化腾觉得似乎应该“改弦易辙”了，他不能独断专行，所以与其余几位创业伙伴就此展开了一番商讨。“最后，”他说，“对网络技术发展方向的认同感使大家求同存异，我们开始对 ICQ 技术倾注偏爱。”虽然这种新鲜的即时通信软件可以成为一个企业新的发展方向，但这绝对不是当时的腾讯独享的资源。1992 年 2 月，在马化腾开始开发中文版的 ICQ——OICQ 时，中国市场上已经有了其他版本的汉化 ICQ 了，所以腾讯当时并没有先发优势。但是，马化腾坚持做 ICQ。他对此阐述说：“当时电信部门比较重视增值服务，而广州电信在这块有预算，市场上有好几家做即时通信产品的企业都在盯着这块市场。在投标的过程中，为了抢先，我甚至在产品还没成型前就先写好了投标书。结果当然是投标失败。但现在想想还真是幸运，这些拿到项目的公司收到钱后自然没有动力继续维护发展产品，只有我们的通信产品 OICQ 砸在手上，才会持续做下去。”

当时，已经把即时通信作为新的主营业务的马化腾几乎没有选择的余地了，难道要把砸在手里的 OICQ 放弃而再退回原本的业务上，或是重新寻找突破口吗？或许，当初进行另外两种选择也能让腾讯存活到今天，可马化腾一定不会有今天的成就。

在个人创业上，如何选对一条有发展前途的路往往才是最为重要的，因为新生事物存在着太多的不确定性。马化腾选择即时通信，一方面是出于追逐浪潮，另一方面就如他说的那样——“抄袭”可以避免许多不必要的风险。当然，这也是能够生存下来的最好的办法。

生存对于成功的企业来说早已经不是问题，可在一个企业最初的成长阶段，它却像是命运之神一样，掌控着企业的生死。很多创业者都曾有过这样的想法：只要我的企业能够存活下来，小有盈利就可以了。试想这样的企业还能够称之为企业吗？这样的创业者又怎会成就惊天伟业呢？

当然，人各有志。无大志向的创业者完全可以只为得一夕之温饱而去创业，但可以看到的是，这样没有前进动力和高远目标的企业，很快就会淡出商界。因为它毫无竞争力可言。因此，一个想真正立足于商界的企业，纵然没有志向去接受更大的挑战，不想成为屹立于世界名企之林的一个行业王者，也断不能仅仅把生存当作企业的最大价值体现。马化腾渴望成功，渴望让自己实用的理想在商界开花、结果，因此就必须设定高远的目标，而后从点滴做起，从生存做起。这是无可厚非的，因为每一个企业在生存都成问题的情况下谈发展是毫无意义的。生存是为了更好的发展。谋求生存之余，要为企业谋得更大的发展契机，要让企业有可持续发展的推动力。这样，才算是真正把生存的意义参悟了。创业者从事的是一份十分辛苦的“职业”，需要具备多种多样的技能，务实可以看作是创业的基础。如果一个创业者雄心万丈，而终日只是高谈阔论，不在所从事的行业上钻研、探索，那么他永远都不会拥有一份自己的事业。马化腾以生存为基础、发展为目标，才成功缔造了腾讯的辉煌。而好高骛远的创业思维是极其错误的，是企业最致命的绊脚石。

成功靠奋斗

成功，就是战胜那些企图阻碍我们幸福而又快乐地活着的种种艰难险阻和倒行逆施。从来就没有什么一帆风顺的人生和一蹴而就的事业。生活的目的，在于夺取一个又一个的胜利；获得一次又一次的成功——为的是使我们能在困难重重的人生中，得以畅快地呼吸，舒心地微笑，欢乐地歌咏，尽情地享受。

马化腾的成功，有人总结原因说是运气太好。而马化腾总结说，是对 QQ 的专注成就了今天的自己。

“他是一个专注的人”，几乎所有业内伙伴提到这位才 34 岁的老板，都会用“专注”这个词。五年来，腾讯都在做而且只做完善和规范 QQ 服务的工作，是国内唯一专注从事网络即时通讯的公司。

马化腾每天大部分时间都在网上，他上网只有一个目的，在互联网的犄角旮旯里发掘新的商机。QQ 秀就是他在网上觅到的一块肥肉。偶然一次，马化腾发现韩国推出了一种给虚拟形象穿衣服的服务，马化腾觉得这个很有意思，就把韩国的那套东西给学过来，搬到了 QQ 上推广尝试。他同时找一些著名的手机和服装公司，例如诺基亚和耐克等国际知名公司，让他们把自己最新款的产品通过 QQ 秀用户来下载。QQ 秀有这些公司提供服饰设计、手机等多种产品，很快风靡了 Q 族的世界，而腾讯没有为 QQ 秀的服装、饰品花费任何的“银子”。

马化腾说，这一块业务的增长目前很快，已有超过 40% 的用户尝试了购买。马化腾盘算，如果每个用户愿意花 1 ~ 2 元的话，仅 QQ 秀收入就不敢想象。马化腾那独到眼光又一次为腾讯挣到了钱，2004 年前三季度，腾讯盈利达到 3.28 亿元。

生活中，不论是什么样的理想，什么样的追求，什么样的事业，几乎所有的人都可以坚持两三天，大多数人都可以坚持两三个月，许多人可以坚持两三年……但最后的成功者，却无一例外都是那些咬紧牙关，硬着头皮坚持到底的人们——他们差不多都或迟或早地登上了他们自己理想中的胜利的彼岸。

坚持到底，当然要付出沉重的、罕见的代价。因为这是一个质量守恒的世界：幸福，注定要用痛苦去交换；鲜花，注定要用泪水来浇灌……付出的艰辛总是同收获的甘美成正比。

成功靠奋斗，奋斗靠坚持。只有以忍耐、克制和付出心血与汗水为代价，才能为自己换来美好的幸福和欢乐。只有付出，才会有收获，天下永远没有免费的午餐。要想拥有舒适美好的生活，就要狠下心去吃尽一切苦头，坚持不懈地为心中的蓝图而努力奋斗，终有一天，你会成为你想成为的那个样子，过上你想过的生活！

要把“聪明”转化为“智慧”

有句老话叫“知易行难”，懂得道理很容易，付诸行动却很难。聪明人喜欢“眉头一皱计上心来”的潇洒，但是，他们往往只限于“头脑风暴”，而不善于与人打交道，刚愎自用，结果聪明反被聪明误。

马化腾赢过别人的，大概就是他天生比常人有些智慧，智慧到底是先天得到还是后天养成的，这个东西没法分出来比例，只是从他字里面看，他比人早慧，但又没有把这早慧的种子早早透支，多少留了点儿。

智慧就跟一根藤一样，紧紧缠绕着马化腾，分不开，摔不去，这是他的福根儿。

历史上的周瑜何等聪明，但结局却是悲剧。现代企业管理中，无数次商场上的起起落落，似乎都证明了这个朴素的真理：很多人，他们有着最聪明的头脑，有着最敏锐的商业嗅觉，一拍脑子，点子就来……但是，有了这些素质的人，却往往不是最后的成功者。这是一个很奇怪的现象，但事实却真的如此。

有人这么界定“聪明”的含义——一个人的智商高出普通人的正常值，这样的人就是我们生活中常说的聪明人。顺着这个逻辑，我们会发现很多成功的企业家并不绝顶聪明，相反，他们可能还曾是差生。

有个统计数字显示，他们中最多只有不超过 10% 的人智商超群，其余 90% 的智商绝对只是普通人水平。但是，他们成功了。我们或许还能够回想起中国企业界一些流星般的人物，他们嗅觉灵敏，脑筋活络，甚至可能是中国改革开放后企业界最聪明的一拨人。

比如说，他们能够在美国的“伟哥”尚未进入中国市场之前率先抢注中文商标并推出号称功能相似的产品，以此赢得市场轰动；他们能够迅速洞察中国消费者的心理，精心包装各种概念性的保健产品并迅速形成市场规模，然后又迅速消失；他们也能够在中央电视台的广告招标会上豪情万丈，一掷亿金……时至今日，这些聪明人又在哪里？有的失败了，有的很失意。

聪明人机会是很多的，可是往往定力不够，最后一个个栽在某个美丽的陷阱里。他们很容易自负、浮躁、急于求成，在变来变去中，连自己也搞不清是怎么回事了。

聪明本不是坏东西，但它可能坏事，它只是初步的，我们必须通过实践去把聪明转变成智慧，因为智慧而促进实践，在智慧的基础上行动，才能够事半功倍。转变的前提是，你必须身体力行才可以。

做事要稳健

如果腾讯在一个行事急躁冒进的人手中，或许不会发展到今天这样独霸一方的地步。腾讯从最初创建直到今天，沉稳、审慎和低调的马化腾个人气质始终决定着它的命运。“做最有把握的事情”，这是马化腾一贯坚持的理念。有业内人士曾说：“腾讯的步伐过于谨慎，如果腾讯能冲劲更足一些，它的规模会比今天更大。”这是一个假设，而任何假设在事实面前都会变得苍白无力。马化腾自认为是一个比较保守的人，而这种稳健的作风使腾讯每进入一个领域都获得了成功。马化腾几无败绩。腾讯在涉足任何一个新的领域之前，马化腾都会问自己这样三个问题，这便是著名的“三问哲学”。他说：“拓展新的业务范畴是每个企业成长过程中都必须面对的，每个企业总是会有一套思考方式，用以衡量进入新领域的得失。我们归纳得比较简约，只有三个问题：第一，新的领域是不是我们所擅长的？第二，如果我们不做，用户会蒙受什么样的损失？第三，如果做了，我们在这个新的领域中具有怎样的竞争优势？”这三个问题，涵盖了进入一个新领域时所要考虑的主要方面。只要能够给出正确的答案，那么进军新的领域就会获得成功的。“慎重”是马化腾一贯保持的风格，他说，看到机会后，可以先尝试着跨出一个虚步，看看脚步是不是比较稳重，如果是，再大步走出去。

在腾讯回归国内 A 股的决策上，马化腾一贯稳健的作风再次彰显无遗。他表示，腾讯一直以来就有回归到内地上市的想法，因为腾讯的高管们都希望公司的用户也会成为股东。在中国内地，除了一些大的投资者，普通股民是无缘腾讯的股票的。虽然回归内地已是“众望所归”，可凡事求稳不求快的马化腾考虑到尚有很多不明朗的因素，还是决定等一些大型的国企回归后再按照情况作出最后的决定，他称腾讯并不急于成为首批回归的企业。毋庸置疑，马化腾是不会打无把握之仗的。2010 年，马化腾在中国 IT 领袖峰会上表示，腾讯目前采取的是“占据网游制高点，无限增值业务和电子商务并进”的“两条腿走路”的方式，但不会对后者急于求回报，要以稳健的节奏保证整个战略的顺利实施。

一个人做对自己来说有把握的事情，成功的机会更大。这可以说是一条定律。做有把握的事情，就意味着在做事过程中即便遇到挫折和阻碍，也有把握一一克服，一切不测都可掌控，而最终收获的结果也是可以预期的。对于创业者来说，做有把握的事情才不会在接踵而来的问题面前不知所措。联想创始人柳传志曾说：“制定战略的过程就像找路。当前面是草地、泥潭和道路混成一片无法区分的时候，我们要反反复复仔细观察，然后小心翼翼地、轻手轻脚地去踩、去试。当踩过三步、五步、十步、二十步，证实了脚下踩的确实是坚实的黄土地的时候，则毫不犹豫，撒腿就跑。这个去观察、去踩、去试的过程是谨慎地制定战略的过程；而撒腿就跑则比喻的是坚决执行的过程。”柳传志就是一个脚步不会轻易迈出，从不做没有把握的事情的人。在这样稳健型领导的带领下，相信每一个企业也都会稳健地发展。在开展每一个新业务之时，马化腾都要求包括自己在内的相关人员自我反思这样一个问题：是否具备成功的条件，能否做成？如果没把握，宁可不做。马化腾希望腾讯做的事情都是符合市场发展潮流的，不要背道而驰。而达成这一点的关键，则是在做一件事情之前权衡各方面的因素，讨论其是否真的契合腾讯的发展。

企业领导者在这一点上应该有所借鉴。企业的创始人虽然组建了企业，但当企业获得大发展之后，企业就属于所有的员工和社会的了，因此任何一项决策的实施都应该以事实和实际情况为依托，这样才是对企业员工、投资者和社会大众负责任的表现。而这样的企业，也必将在稳步发展中达到辉煌。

善于抓住机遇

当互联网的春风刮向中国时，一批有识之士开始以此为突破口把自己的理想建立在网络上。马化腾恰好赶上了中国互联网的第一波浪潮，无疑是很幸运的。但很多时候，机遇可能就在眼前，问题是你能否识别出它就是机遇，并随之紧紧地抓住。毕竟，趁着这股大潮搏出一片天地的人少之又少。马化腾无疑是一个善于抓住机遇的人。

1995年时，马化腾便开始接触互联网，这成为他在互联网创业的“先发的优势”。从慧多网的深圳站，到开始萌生创建一家互联网公司的想法，马化腾把当时周围的市场环境与自己的兴趣爱好结合了起来，由此便书写了一曲荡气回肠的“网络神曲”。

2009年，马化腾在接受《南方日报》采访时说：“首先是互联网的机遇，因为我们做的时候网民才300万，不到现在的零头，现在超过了2.5亿；第二，那时候的投资环境还没有现在这么好，幸好第一届高交会有一个机会，很多投资者都在关注深圳，给了我们融资的机会；第三，人才是很重要的。我们起步时以技术研发为主，得益于原来深圳的高科技定位，像华为和中兴都在深圳，使得深圳做计算机研发的人才很丰富。”应该说，当时整个市场环境为马化腾开启了一扇大门，但能不能顺利地走进这扇大门，就要看他是否具备一定的能力了。当1996年由三个以色列年轻人开发出可以在互联网上快速直接交流的软件ICQ，在短短的半年内便成为当时世界上用户数量最大的即时通信软件，而到了1998年其用户数超过1000万，并被美国在线（AOL）以2.87亿美元收购后，马化腾一眼便瞄准了这个机会。他发现ICQ并没有中文版，于是灵机一动便开发出了中文版的ICQ，即腾讯的OICQ（后改称QQ）。抓住小小的QQ，马化腾等于抓住了一棵摇钱树。此后，他一心扑在 QQ 上，从标识到配套的产品，马化腾一马当先，与腾讯的技术人员开始了一次又一次的攻坚战。最终，凭借着这款中国互联网市场上黏性最大的即时通信软件，腾讯成长为一方霸主。

很多时候，抓住了一个机遇就等于走上了成功之路。不过，抓住机遇是一种能力，抓住后有充分利用它也十分关键。马化腾在“2008 互联网大会”上说：“在抓住机会做决策的时候一定要想清楚，我感觉到很多人是没有想清楚的，觉得差不多就去了，是一种赌博的心态。多问几句（为什么要创业），他答不出为什么，我觉得这样很危险。如果你想得很透，前因后果（都想清楚），遇到障碍往哪里拐，遇到问题怎么办，如果想透了以后，投资者会很放心交给你做；如果想不清楚，只是凭感觉就不好了。”他所阐述的抓住机遇，有更深一层的含义。机遇并不单单是市场上出现的一个别人没有意识到的空白，一个没有人发掘的新领域，而是这样的空白你要以何种方式填补，以何种方式将它最有效地利用。有这样一句谚语：“通往失败的路上，处处是错失了的机会。坐待幸运从前门进来的人，往往忽略了幸运也会从后窗进来。”可见，机遇通常很“狡黠”，它何时走来，以什么方式呈现，都无定数。只有当你利用它而获得成功后，你才会觉得它就是一种机遇——或许之前你从未想到过。成功人士无不都是在各个领域的创业者，他们能够事业有成，都与在某个关键时刻抓住了机遇分不开。机遇总是垂青于有准备的人，它从不会落在守株待兔者的头上。能够抓住它的人，需要具备敏锐的眼光，需要有果断决策的能力，需要有百折不挠的超强毅力。腾讯的诞生和蓬勃发展，恰是马化腾一次次紧抓机遇的结果。

第二课

“跑得快”，更要“跑得好”
——马化腾谈“跑赢互联网”

腾讯要发展壮大，要做自己的事业，在某些领域肯定会成为别人的竞争对手，这是一种必然。而对“全民公敌”这个称号，我不以为然，腾讯一直以来都是在专注的做自己应该做的事情，并非有意要成为互联网行业的“公敌”。

——马化腾

马化腾的经营哲学：“三问”自己

在深圳经济特区建立30周年庆祝大会上，腾讯公司CEO马化腾，代表深圳市青年建设者和创业者发言。听着马化腾情真意切的演讲，使我第一次近距离地看到了马化腾，了解了马化腾，触摸到了马化腾。似乎感受到马化腾的呼吸和心跳。不再陌生和遥远。在他那张青春逼人的脸上，我知道，腾讯未来发展的舞台和空间，将会变得更大更广更远。

腾讯公司创立于1998年。当时，公司还只是5个人的创业团队，创业资本仅有50万元。同许多刚开始创业的互联网公司一样，资金和技术曾经成为腾讯公司最大的问题，公司一度举步维艰。当时，马化腾曾经为筹措必需的运营资金而四处奔波，夜不能寐。甚至试图卖掉他们的“QQ”软件。

幸运的是，他们借助深圳第一届“高交会”这个平台，获得了第一笔风险投资，加快了创新的步伐，步入了快速发展的轨道。

马化腾的演讲，仿佛把人们带回到腾讯公司所走过的坎坷不平的发展路程。

1999年，腾讯推出第一个即时通讯软件——腾讯QQ。只用了不到10年的时间。就已经发展成为中国最大的互联网应用服务及移动应用增值服务提供商之一。他们创建的QQ聊天工具，改变了十分之一中国人的沟通习惯，并取得了广泛的国际影响。

2009年，腾讯入选《财富》“全球最受尊敬50家公司”，马化腾以334亿元身价名列第五。

马化腾创业成功，成为许多青年人学习的榜样。人们十分想了解马化腾创业成功的秘诀。马化腾在接受央视记者采访时，说了他创业的体会。马化腾在创办和经营腾讯的时候，总是小心翼翼地追问自己三个问题，而这“三问”准确地揭示了马化腾的经营哲学理念。

一问：这个新的领域你是不是擅长？

马化腾凭着对网络市场一种朦胧却又相当有预见性的理解，用近乎偏执的兴趣和近乎狂热的工作热情搭起腾讯的架子，牢固坚持以技术为核心的公司理念，极端专注于技术开发和提升质量，当然能高出对手一筹。

二问：如果你不做，用户会损失什么吗？

做软件工程师的经历使马化腾明白，开发软件的意义就在于实用，而不是写作者的自娱自乐："其实我只是个很爱网络生活的人，知道网迷最需要什么，所以为自己和他们开发最有用的东西，如此而已。"

三问：如果做了，在这个新的项目中自己能保持多大的竞争优势？

QQ 最早只是作为公司的一个副产品存在的，马化腾们对 QQ 所蕴含的巨大市场价值并没有足够的认识。而且无论从技术上还是资金上，他对自己究竟能保持多大的竞争优势并没有把握。当时腾讯所采取的策略是"三管齐下"：一方面继续巩固传统网络寻呼系统带来的大量利润；一方面将精力更多集中在改进 QQ 功能和开发新版本上；一方面寻找风险投资的支持。事实证明，这样的策略是正确的。

出现商机就要抢

很多成功的商人在总结自己的创业成功时，大都会说：“果断抓住商机，是我成功的秘诀。不能让商机从眼前溜走。”

马化腾认为，对于任何一个企业来说，当一个新的商机出现的时候，也许很难判断它的重要性，或者如何去做，但一定要尽早做决定。

马化腾举例说，腾讯最开始是两三个团队在开发微信业务，虽然内部组织架构不合理，但多路并进，最终推出了现在的微信。

马化腾强调，在产品攻坚期，公司一定要倾全力推动。如果做不到这一点，结果就会是天壤之别。

抓住商机就能在创业中取得成功，但是商机从来不会等待任何人，所以，在发现商机时，一定要及时出手，果断抓住商机，不能让赚钱的机会从你眼前被别人抓去了。

如果你果断抓住了商机，就能比别人先一步抢占市场，等别人跟风时，你已经有了口碑，有了固定的客户，这就是果断抓住商机的好处。

商机常常隐藏在各种信息之中，可能就在你看到的文章里，就在你听到的闲谈中，或者就在你的想法里，成功的商人总是能从各种信息中发现宝贵的商机，然后果断出击，赚得满盆彩。一个有眼光的人，能从陌生人的抱怨中找到商机，能从细微的小事中发现商机，能从大量的假象背后发现商机，但是，成功的商人都是能够果断抓住商机的人，而那些看到了商机却没有及时抓住的人只能吃别人吃剩的残羹。

年轻的男人，要做一个成功的创业者，就不能思前想后，犹豫不决，优柔寡断会害你失去成功的大好良机。发现了商机，就要不惜一切去抓住商机。

中国首富李嘉诚就是一个善于抓住商机的人。1950年，22岁的李嘉诚创办了长江塑胶厂，生产塑胶玩具。但是由于当时塑胶产品种类繁多，李嘉诚所生产的塑胶玩具在国际市场上已经趋于饱和状态，所以导致塑胶厂经营不善，濒临破产，这也是李嘉诚创业生涯中最黑暗的时期。但是，就在这时，他发现了商机。

一天晚上，李嘉诚自修完当天的功课后，像平日一样随手翻阅杂志。在翻阅一本当时最新的英文版《塑胶》杂志时，他发现在一个不太引人注目的地方，刊登了一项有关意大利一家公司用塑胶原料设计制造的塑胶花即将倾销欧美市场的消息。凭着敏锐的市场嗅觉，李嘉诚马上联想到和平时期过着平静生活的人们，在物质生活有了一定保障之后，必定会追求精神上的享受，比如种植花卉，但是如果种植花卉等植物，不但每天要浇水、除草，而且花期短，很不划算，还因为香港生活节奏很快，对于那些上班族来说，种植花卉确实有些耗时。但是如果用自己的塑胶厂生产塑胶花，价廉物美，美观又大方，还能美化人们的生活，在人们经过了一天的劳累之后，如果能看到一朵漂亮的花绝对感觉不错。李嘉诚发现了这个商机——塑胶花的黄金时代即将来临，因此他决定立即着手生产塑胶花。

为了生产塑胶花，李嘉诚远赴意大利去学技术，学成回国后，李嘉诚就立即着手生产塑胶花，一时间，在广告和促销活动的推动下，物美价廉的塑胶花涌入了香港市场。他在香港先人一步研制出塑胶花，填补了香港市场的空白，大部分经销商都非常爽快地按李嘉诚的报价签订供销合约，有的为了买断权益，甚至主动提出预付50%订金。

塑胶花为李嘉诚带来了数千万港元的盈利，长江塑胶厂一跃成为世界最大的塑胶花生产厂家，李嘉诚的塑胶花大王的美名，不仅蜚声全港，还为世界的塑胶同行所侧目。李嘉诚发现了商机，并且果断地抓住了商机，从此走出了困境，成为最富有的中国人。据悉，李嘉诚的财产总额达到了220亿美元之多。

成功的创业者总能够先人一步，率先发现商机，果敢采取行动。

1988年，李晓华在报纸上看到一条毫不起眼的消息："中国生产的101毛发再生精在日本市场上的价格一路上扬。"他在这句话里面发现了商机，决定去争取 101 毛发再生精在日本的代理权。

李晓华马上行动，在短短一月的时间里与 101 毛发再生精的发明者赵章光结成朋友，顺利地得到了 101 生发精在日本的经销权。他以 10 美元一瓶的优惠价进货，然后以 100 美元一瓶在日本抛售，仍供不应求，一本万利，李晓华从中获得了丰厚的利润。

当时的日本首相海部俊树亲切接见了他，并称赞他是中国“最优秀、最有智慧的企业家”。

现代社会是经济社会，是信息社会。年轻人如果能慧眼识商机，果断地抓住商机，就会成为一个成功的创业者。

众人拾柴火焰高

低调而内敛的马化腾，个人气质常常被人与曾经的世界首富、微软公司创始人之一比尔·盖茨相提并论，这是因为在很多业内人士眼中，马化腾的个人气质和秉性等与比尔·盖茨是最相似的：害羞、内敛、聪明。

腾讯在最初成立之时，不善于表达自己的马化腾却很英明地作出了自己所占股份要少于合伙人股份，但大股却必须由自己占有的决定。显然，这种魄力和英明是成就一番大事业的关键所在。马化腾占有大股，主要是为了让新成立的公司有一个主心骨。而在其他很多事情上，他都会与合伙人温和地商量，从不因自己是大股东而颐指气使。

他懂得“众人拾柴火焰高”的道理，也知道垄断和独裁不但对于一个刚刚起步的小公司是不适宜的，对于任何一个立足于长远发展的企业都没有好处。马化腾能够在创立公司之前便把可能出现的问题化于无形，一是因为自身秉性使然，另外一个原因是发生在他朋友身上的事让他不得不提高警惕。他的一个朋友曾与另外两个合伙人合开了一家公司。三个创业者都是很强势的人，以至于招聘而来的员工不知道究竟应该听谁的号令。这样的公司自然于发展不利。马化腾了解了这一切，于是在创立腾讯时，便与另外 4 个合伙人一一约定：各展所长，各管一摊，明确技术、业务、行政和信息部门各自的职能，分别由不同的、在某方面有专长的人管理。如此一来，合资的几个创业者之间的分工明确，而占有大股的马化腾也会把不同的意见进行整合，然后订出最适合的方案。同时，这样的设计使得创业伙伴们之间更能在维持张力的同时保持和谐。

在腾讯，不会有意见不合、无休止的讨论，甚至“互泼冷水”的情况出现，伙伴之间从不会因为一语不合而把关系搞僵；彼此的定位不同，就可以从不同的角度对同一个问题进行各种判断，以达到认识全面的目的。团队的和谐，才能聚集能量。正是有了这样和睦而稳定的团队，马化腾才能在短短几年的时间里带领腾讯在纷乱的互联网市场上拼杀出一条血路，而后成为一方霸主。当 MSN 冲进中国互联网市场后，马化腾依旧不改初衷，用一种合力战胜了它。不独裁，就是在团队内体现“人人平等”。马化腾能够让团队中的每一个人发挥自己最大的潜能，才使得腾讯只要登高一呼，就可以让许多互联网业界顶尖的人才追随在他的周围。

马化腾说：“有些专业知识无论怎么补课，都很难达到那个级别。所以，指望自己的提高去迎合公司发展的风险太大，于是一定要请人来替换你的功能。”正因为马化腾对自己有如此明智的认识，且又有容人之长的宽阔胸怀，才有了“空降兵”熊明华等人的加盟。而他们的到来，为腾讯的发展立下了赫赫之功。企业的领导者只有把眼光放得长远，企业的发展才能够长久。而长远的眼光要靠修炼，首先就是修身。所谓“修身，齐家，治国，平天下”，修身是本，平天下是果，无本便无果。马化腾愿意把更多的自主权交给手下，表面上看是在提升下属的能力，但事实上，他却是在修身。当一个人把自己的心性修炼得足够强大时，就没有任何困难可以阻挡他前行的脚步。一个人能否让自己以善意的态度和平和的心境去接纳别人，决定了他一生是否会有成就以及成就的大小。当你总是试着去宽慰别人，不把自己的想法强加在别人身上时，你就会从心底获得一份淡然和宁静。马化腾的成功就有这样一种积极的因素在起作用。他懂得用谦和融会别人的想法和意见，懂得用善意的眼神去看待一个或许并不出色的提案，他善于集思广益而后作出判断。所以马化腾的成功是有迹可循的。企业经营之道，说到底就是经营者的修身善性之道。无论是创业者还是企业领导者，讲究修身培本，未来必定是海阔天空的，前途必定是无限锦绣的。

后发是最稳妥的方式

“后发的风险最低，特别是当你有一些平台优势的时候，后发是最稳妥的方式。”马化腾承认自己保守，做第一总有预想不到的问题，没有必要冒险，“我们会做小的创新和尝试，但网游和电子商务等比较大的项目，肯定要后发，后发可以研究哪些最适合我们发挥。比如我们觉得淘宝的方式能够发挥中国网民的人气，我们的电子商务就会倾向于它的形式。”

而就在不久前，淘宝网“招财进宝”因拟收费遭到卖家反对，有人指责腾讯在其中插了一手。马化腾就此否认说：“大公司之间的竞争都是理性的，我和马云是很好的朋友。”

稳妥，谋定而后动，是解读马化腾成功的关键词。

“谋定而后动，知止而有得”是“从知止而后有定”演化而来的。“知止而后有定”出自《大学》。《大学》中云：“大学之道，在明明德，在亲民，在止于至善。知止而后有定，定而后能静，静而后能安，安而后能虑，虑而后能得。”朱子有注：“止者，所当止之地，即至善之所在也。知之，则志有定向。静，谓心不妄动。安，谓所处而安。”那么：知止，就是有明确的目标；有定，就是树立坚定的志向。知至善的目标，立坚定的志向，就可以心不妄动；心不妄动，则所处而安，不为外界影响所动了。

大学毕业生社会阅历不足，对现实社会中的很多事物缺乏科学的、客观的认知。就创业而言，比尔·盖茨的财富神话一直在影响着相当一部分人，特别是有创业意图的大学生，很多人的梦想就是成为下一个比尔·盖茨。有想法是好的，应该鼓励，不过这个时候，首先应该先让有创业意图的毕业生明确一件事情，或者说是三个问题：为什么想创业（即创业的动机是什么）；为什么可以创业（即创业的机会是什么）；为什么能够创业（即创业的能力是什么）。这也是大学生所必须了解的创业先决条件——谋定而后动。“谋”的含义包括很多方面：做什么、怎么做……可以明确的是创业不一定非要有宏大的高新科技项目或完善的商业计划，传统领域也是大学生创业的良好土壤。中国与发达国家的差距，就在于我们的创业空间太狭窄。在高新技术日新月异的今天，作为高层次人才的大学毕业生，在切合自身实际上寻找创业机会，如此，不但能够解决自身的就业问题，而且能够为自己提供更加广阔的发展前景。创业是个系统工程，不是一朝一夕或是凭借一己之力就可以实现的。商机永远在你身边，如果你够敏感而且够务实，就可以从脚边拾到第一块金。

古人云：上善若水。顺势乃水之天性，因此水显得轻灵，而不失力量；不求形之张扬，而达水到渠成之佳境。淼者，水之浩荡也，涓涓细流可以汇成大海；故积少可以成多，聚小利而得大成。丰而不盈，得而有度乃创业追求之目标，顺势而为乃创业之精髓。

创业需要各方面的知识积累，还需要社会经验和处理人际关系的能力以及良好的心理承受能力和风险意识。毕业生面对当前的形势，创业一定要多些理性。由于社会地位及现实状况，大学生创业大多在资金和规模上会受到很大的束缚。创业之初，每前进一步都必须慎之又慎，不然极有可能一着失误，满盘皆输。这种情况下，需要创业者更多的保持理性，胜不骄，败不馁，坚持不懈。事物的发展都是循序渐进的，创业更是如此。顺势而为，因势利导，创业者需要明确适合自身发展的道路，通过现有的、对自身有利的条件，满足自身创业的需要，促进创业的良性发展。应善于总结、自我批评，分析、剔除不利因素、不善举措。同时，要有发挥他人聪明的智慧。要以包容、开放的心态与他人合作，善于站在别人的立场上考虑问题，这样才能获得自己利益的同时，照顾别人的利益。要有发挥别人聪明的智慧，让别人按你设定的目标前进，却丝毫没有被强迫接受的感觉。另外，创业者很多时候在良性发展的时候或多或少都会存在急功近利的思想，急于求成，冒进。这样往往会给发展带来不良影响。所以，要学会知止，制定一定时期内的可行性计划，按计划完成，不积跬步，无以至千里；不积小流，无以成江海。积少成多，知止而有得。中庸的思想就是知足常乐。

管理就是决策

诺贝尔奖得主赫伯特·西蒙认为：管理就是决策。任何一个层面上的经理人每天都要参与制订和执行关系到企业生死存亡的各类决策，决策是管理活动中最关键的一环。我国古代兵法上说："用兵之妙，惟乎一念。"决策者能否把握这关键的"一念"呢？这就需要决策者认识决策、研究决策、整合决策、有效决策。

一个优秀的决策者，可以从一闪的灵光开辟一个崭新的市场，可以从一个绝妙的主意开创一份事业，可以从一个微妙的细节救活一个企业，可以从一次握手聚拢一批人才。决策伴随着企业家和经理人管理生涯的始终。无论是在企业发展的哪一阶段，决策者都必须明确自己想要达到的目标及实现的可能，都必须审慎地认识到决策的有效性及可操作性。当企业高歌猛进、一路狂飙时，决策者应该冷静地思索可能出现的危机，而不是妄自尊大地冒进；当企业低迷困窘、阻滞不前时，决策者应该理性地认识现实和市场，而不是盲目地撤退；当企业面临转型、犹疑不决时，决策者更应该全面地权衡得失，不图一时之利，而谋长远发展。决策无处不在，决策成则企业荣，决策败则企业亡。

由此可见，决策关乎企业的生死存亡，决策系于市场的风险变幻，决策决定了企业是前进还是撤退。决策的艰难转折，往往就是企业的痛苦转型。决策者没有理由不重视决策，没有理由不为企业选择最有利的、最具执行力的行动方案。

决策是管理者特有的任务，决策需要注意5方面的问题：

（1）必须明确所要解决问题的性质。有些问题属于常规问题，有些问题则是偶发问题。决策者常犯的错误在于，把常规问题当做一连串的偶发问题，或者是把一个新的常规问题当做是偶发问题。决策者必须根据情况变化敏锐地把握市场，真正搞清楚你所面临的是什么性质的问题。

（2）要明确所要解决问题的“边界条件”。即决策的目标是什么？决策想达到什么样的目的？达到这个目的需要哪些基本的条件？市场的变化能不能实现这些条件？企业自身的状况能不能解决所面临的问题？

（3）弄清解决问题有哪些方案。这些方案需要具备什么样的条件？如果要实现自己的方案可能遇到哪些阻力？应该作出哪些必要的妥协？要怎样沟通才能达成共识？

（4）有效的决策必须能够执行和操作。

（5）在执行决策过程中，还应该重视反馈，以便印证决策的正确性和有效性。

作为创始人和管理者，马化腾眼里的腾讯远远没有做到优秀。2005 年，马化腾开始找职业经理人与创始人进行搭配。

“你再努力，很多的专业管理知识可能还是跟不上。草根的、运营商的、对用户需求把握上的、技术上的我们可能可以做得好，但管理这方面，你不可能做得完美。”

许多企业都经历创始人创立、获得风险融资、上市后功成身退这样的三部曲。马化腾会选择这样做吗？

“我们每个人都在找接班人，都在进行双打的配合，包括我本人，都是双打的匹配。这是为了避免最后一旦全部撤退，对公司影响太大。”

所以现在可以看到，腾讯的决策是比较分散的。如果对于一件事情内部有分歧，大家就会坐下来一起谈，最后以理服人。

从这一点看，马化腾虽然年轻却已经很老练。

专注自己擅长的事

腾讯在市场上一度为众多互联网豪杰所“诟病”，因为它所到之处几乎都能席卷起一股巨大的浪潮。在中国的互联网领域，有一个广为流传的用以解释腾讯为何如此成功的“定律”：有庞大的用户作支撑，腾讯扩张新业务几乎是撒豆成兵，做什么成什么。时任 TOM 总裁的王雷雷说：“那么大的活跃用户群，插根扁担都开花。”

腾讯的成功的确让人眼红。从腾讯成立之初到现在，冲着马化腾的“骂声”从未间断过，这是因为他几乎能够在任何一个领域有所斩获，只要他想进入。其实，很多人误会了腾讯，误会了马化腾。

一切的一切，并非马化腾存心想与互联网豪杰们为敌，盖源于他在 QQ 上的倾力而为。当 QQ 以其巨大的黏着性将聚沙成塔的效应演绎得近乎完美时，以此为基础和中心向外辐射的“圆”越来越大，大到甚至连马化腾都难以想象。不过，他却从不把那种扩张当作一件引以为荣为傲的事，他只专注于做 QQ 的事业。

马化腾多年来一直在做的最重要的事情就是完善和规范 QQ 的服务，腾讯也因此成为唯一专门从事网络即时通信的公司。心无旁骛的专注使得马化腾不受别人的左右，也使得他看得更远。“专注做自己擅长的事”，已经成了马化腾的一个人生信条，并时刻鞭策和提醒着他。他说：“从表面上看，大家可能觉得腾讯什么都想做，但实际上，我们一切都是围绕着以即时通信工具 QQ 为基础形成的社区和平台来做的。”马化腾希望“专注做自己擅长的事”能够成为腾讯的企业精神，并能够一直保持下去。但在他看来，专注与兼顾是互补的两方面，专注并不代表硬着头皮撞南墙。“在前进的过程中，发现机会就要立刻去把握它，要有敏锐的市场感觉，这种变化给过我们压力，却也是我们成功的契机。”腾讯的QQ搅浑了整个互联网市场，直到现在，提起QQ都让许多互联网企业心惊胆战。这是因为，黏性巨大的它可以附着在任何载体上，然后把它变成腾讯的一部分。但更令人畏惧的是，腾讯成立10多年来，马化腾从未因腾讯在其他领域获得了令人瞩目的成就而远离QQ，反倒更把QQ捧在手心。专注，促成了马化腾的成功，也让腾讯成为中国互联网界的佼佼者。

放眼全球，几乎没有一家即时通信运营商像腾讯这样把自己的命运绑在一个业务上。多年的专注让腾讯看起来总是那么的“清一色”，提起腾讯，人们马上想到的还是QQ，并不是门户、网游、微博等。这说明了一点，马化腾把专注作为了腾讯的一种标志。任何一个企业都应该从马化腾的经营哲学中有所领悟。

专注是一种可怕的且强大的力量，它可以很容易地把一个企业从低谷拽向高峰——只要专注下去。马化腾的专注，让QQ的使用者能够感受他在其中倾注的热情和精力，甚至有心的用户在使用QQ时都会发现它是那样的贴近人心，似乎它有一双能够洞悉人心的眼睛一样，可以看到用户内心所想。更令人诧异的是，很多用户未曾想到的都被QQ一网打尽了。企业的生存和发展有赖于多种多样的因素，但专注绝对是其中最重要的一个因素。专注的力量犹如“水滴石穿”一样，再坚硬的东西也能被它穿透。马化腾正因为专注于QQ——这是他擅长的，所以才有了今天如日中天的腾讯。即便后期的腾讯走上了多元化之路，将业务分散到各个领域，可其大部分精力依旧集中在即时通信上，这是马化腾起家的根本，是腾讯辉煌的基石。专注于做自己擅长的事，成功就会在不远处向你招手。

水滴石穿缘于坚持

每个阶段都有一些令自己最感动的事情，如果要排序的话，我记得首先是1999年早期即时通信用户激增的时候，当时公司只有不到10个人，资金非常有限。如何解决在有限的服务器上10万人同时在线成了一件追求极致的难题。当时我们都没有工作时间的概念，睡觉的时候满脑子都是技术上的事，非常痛恨节假日。现在想起来，那一段时间就是黎明前的黑暗。但是不断地在技术上突破，进入其他同行没有进入的领域，还是很有成就感的。

上面的话是马化腾在接受《经济观察报》的采访时说的。从他的话中不难看出，“坚持”对于早期的他和腾讯创业团队而言至关重要，也是马化腾性格中最突出的一面。当时的QQ在中国互联网市场上出现之后，激增的用户量还来不及让马化腾等人欣喜，他们就陷入深深的烦恼。因为QQ用户数的增加就需要扩充服务器，而当时腾讯还没有盈利模式，资金极为匮乏，对马化腾而言，服务器就像是定时炸弹一样令人畏惧。马化腾说：“我们只能到处去蹭人家的服务器用，最开始只是一台普通PC机，放到具有宽带条件的机房里面，然后把程序偷偷放到别人的服务器里面运行。”资金是马化腾要解决的头等大事，不过银行从未听说“注册用户数量可以办理抵押贷款”的说法。当在国内寻求融资无望的情况下，马化腾的许多朋友都劝他干脆把QQ卖掉。虽然当时的QQ注册用户已经突破了1000万，可腾讯还是做着“亏本的生意”。

1999年11月，面对日益增长的用户和无法解决的资金问题，手中只有1万多元人民币的马化腾不得不为了公司18名员工的未来而痛下决定：低价出售QQ的业务平台。网易创始人丁磊是马化腾的好友，此时的他已经获得了风险投资，网易也开始朝着投资者眼中的“赚钱机器”的方向演变着。眼见老友已经事业有成，马化腾的伤感相信是谁都可能了解的。但此时已无他法，他踏上了寻找QQ买主的道路。冥冥之中自有定数。或许是因为QQ生来就属于马化腾，所以他寻找买家之路十分坎坷。先是联想以看不懂马化腾的报告为由将他打发走，接着是中华网要求腾讯达到一定数目的用户后再去与其商谈，最后是深圳电信数据局以60万元人民币的低价欲买下用户数过千万的QQ——这似乎有点儿戏的味道。马化腾坚持要卖100万元人民币，可对方不予考虑。

在这种“求卖无门”的情况下，马化腾决定留下QQ，自己把它养大。那段时期是马化腾倍感纠结的日子，对他而言是一种煎熬。他说：“明知道有收入，有前景，可以支撑用户发展，可制约我们的就是没有足够的钱买服务器和宽带，产品的口碑是做到了，可没有资金。”当今天QQ以成几何级数的增长趋势呈现在用户眼前时，相信马化腾会庆幸自己当初的决定。他说：“我们曾险些把开发出的QQ软件以60万元人民币的价格卖给别人。现在有点庆幸当初没有贸然行事。要在互联网上掘金就不能只看到眼前利益。许多很有才华的网络人才往往没有注意到这一点而失去了长远机会。”坚持，在马化腾自养QQ的过程中是主基调、主旋律。虽然他曾想着出售QQ，但在可以出售的情况下他还是守住了自己的信念。

黎明前总会有一个十分黑暗的时段，这让无数英雄最终功败垂成。在暂时的黑暗中等待黎明的到来，需要对自己有很强的信心，需要一股超乎常人的韧劲。

QQ从诞生到成功地发展壮大，是因为有马化腾的坚持。当时的互联网刚在兴起的阶段，加之很多人鼓吹“一个好的想法就会让你一夜之间变成百万富翁”，所以大部分在互联网上淘金的勇士们都对先期的亏损不以为然。马化腾的腾讯也经受过这样的煎熬：看着“客似云来”，却无法创造经济价值。

在当时的互联网领域，流行着这样一句话：“在互联网领域，你确实很难看得清楚。这个领域新到连价值规律、商业规律都是全新的，甚至是反传统的。”这样的言辞让当时鼎鼎大名的雅虎、亚马逊等都像比赛似的在“烧钱”、亏钱。对很多大公司、有实力的公司而言，“烧钱”是它们力所能及的事，但对于像腾讯这样在互联网领域刚起步的自创公司，“烧钱”就像是“烧命”一般。这也难怪马化腾有了出售QQ的念头。但令人欣慰的是，坚持终于使腾讯拨云见日，并一步步发向辉煌。这种品格，成就了马化腾，也成就了腾讯。面对挫折、面对逆境、面对磨难，坚持总能将它们化于无形，总能化不可能为可能，总能化腐朽为神奇。

兴趣爱好也能“打天下”

心理学研究表明：一个人做他感兴趣的事，可以发挥智力潜能的 80% 以上；而做不感兴趣的事情，则只能发挥智力潜能的 20% 左右。互联网是马化腾的一个兴趣，他从大学时代便开始迷恋上了“慧多网”（FidoNet，1984 年诞生于美国，并非现在意义上的互联网）。当时的马化腾是中国内地最早的网民之一。借着这种兴趣，马化腾开始在慧多网上下工夫。

1995 年 2 月，马化腾在慧多网上挂了半年之后，开始了他的“网络行动”。他投资 5 万元人民币在家里安装了 4 条电话线和 8 台电脑，并自荐担当起了慧多网深圳站站长的角色。后来他被亲切地称为“马站长”。他的父亲曾说：“那时候装一部电话需要 4000 多元初装费，幸好当时女儿和几个亲戚在电话公司工作，可以半价申请安装，于是就申请了 4 部半价电话，供马化腾上网使用。”成为慧多网深圳站的站长后，马化腾每天忙得不可开交。在随后的一段时间内，深圳的“马站”在慧多网上聚拢了极高的人气。今天的马化腾回忆当时那段生活时说：“在网上我才会获得完全的兴奋，至今也没有改变过。”

在网络上，不但满足了他的个人爱好，也让他结识了一大批日后给予了他极大帮助的朋友——丁磊、求伯君，他们都对马化腾产生了诸多积极的影响。兴趣让马化腾不仅找到了可以一生为之奋斗的事业，也让他获得了人生的良师益友。难得的是，马化腾把在互联网领域摸爬滚打当作自己最喜欢做的事情，而不是可以带来利益的行当。

2008 年，马化腾在接受《外滩时报》采访时说：“在资本市场上，我是一个企业家；在技术领域，我是一个工程师，我更喜欢后者的角色。通常我也更喜欢编程语言。”如今的马化腾虽然已经是腾讯的掌门人，他本可以不过问任何关于技术上的事情，但他却是腾讯最著名的“首席体验官”。他不但体验腾讯开发出来的产品，也体验其他公司开发出来的产品，以此找出差异性。

他曾骄傲地对外界说：“我试过所有的即时通信软件，每一个！……我是腾讯最大的产品经理，任何一个产品我都会去看，要不然怎么能知道一个产品或者服务到底好用不好用，要不然怎么知道问题出在哪儿……站在用户的角度去体验并提升自己的产品，也是‘首席体验官’这个角色最大的乐趣，我一直很喜欢这样的角色……”兴趣让马化腾乐此不疲，让他永远保持着一颗充满激情的心，让他时刻以腾讯的产品体验为依托、用户的体验为目标，朝着更高的山峰攀登。

现在的马化腾，每天最大的兴趣依旧是在互联网上生活，包括看资讯、搜索、购物、付款、玩游戏全部使用腾讯的产品完成。他有此种做法，实际上是想时刻体验腾讯的产品是否能为用户带来最大便利，更重要的是，他的兴趣就是把以 QQ 为基础的腾讯打造成一流的互联网公司。“我爱给自己的产品挑错，”马化腾说，“我一看到产品，就知道写代码的人有没有偷懒。”他的这种兴趣似乎有着“监工”的嫌疑，让那些产品开发者心惊胆战。可正由于他这一从未变更的兴趣，腾讯才有今日之令人咋舌的发展。

爱因斯坦曾说，兴趣是最好的老师。这也是他获得巨大成功的经验总结。他曾对一位传记作家说：“我没有什么特别的才能，不过喜欢追根究底地追问问题罢了。”可以说，兴趣决定了一个人一生成就的大小。它就像是一种隐藏在人们心中的“鞭策力”一样，当你选择了一项自己喜欢从事的事业，这种鞭策力就会自然而然地发挥出来，助你一臂之力，帮你解决任何难题。对于创业者来说，兴趣是创业起步的动力之源。创业者一旦对某个项目产生了浓厚的兴趣，全身的细胞都会服务于这种兴趣，他的每一分热情和精力都会不断地从身体内迸射出来。

无论遇到何种艰难险阻，兴趣带来的强大动力都会成功地帮助创业者到达成功的彼岸。马化腾一路走来，是兴趣始终推动着他奋勇向前，是兴趣让他消灭了一个个精神上的敌人，是兴趣为他搭建了一座通往人生象牙塔的阶梯。

小步快跑，快速迭代

今天互联网的发展，已不是大鱼吃小鱼的时代，而是快鱼吃慢鱼的时代。互联网产品的制胜原则就是一个字——“快”。在各种形态的产品研发中，腾讯始终贯彻如一的价值观之一就是“快”，如何对各种可能的产品特性做选择？用户将是最好的指南针，迅速让产品去感应用户需求，不断地升级进化，推陈出新，才是保持领先的唯一方式。要不断地倾听用户的反馈，不断地调整修改，然后决定你后面的方向。

所以，“快速迭代”是腾讯对产品的基本要求，能否做得足够快已成为衡量一款产品研发是否成熟的标准之一。以“QQ 农牧场”为例，目前平均每天都会有至少一个版本发布，甚至更多，之所以能做到如此高的产品发布节奏，是由于腾讯一直坚持在做两件事情。

以稳定迭代，小步快跑

首先，QQ 农牧场采用了一种有特色的敏捷迭代开发模式，称之为“极速模型”。

QQ 农牧场的研发团队，由多个角色组成，包括：项目经理、产品、UE 设计、前台开发、后台开发、测试、运维。以一周为一个固定的迭代开发周期，这一周时间包括了团队一次完整的各个角色的研发协作过程：迭代前有特性规划、迭代后有回顾，其中迭代过程也会包括迭代规划、开发、测试、发布等过程。但与 Scrum 敏捷迭代最大的不同是：并非在迭代结束时进行交付，而是能够在一次迭代中完成多次交付和发布过程。

此种方式看似简单，但其实对团队的综合研发能力是一个巨大的挑战。其中主要挑战来自以下几个方面。

特性需要能裂解成很细小的可交付的子特性，通常不超过两天的开发工作量。

迭代前，特性规划、沟通确认、界面交互及视觉设计这些工作均需提前安排完成。

迭代计划及评估过程，还必须考虑到特性与子特性之间的耦合关系以及开发人力的耦合关系，合理地作出计划安排，保证开发过程的顺利进行，降低风险。

要求团队成员工作咬合能力高，自运转能力高，需要长期默契配合。前台开发、后台开发、测试人员都能够高效率沟通，顺畅协作。

以特性为中心，随做随发

其次，腾讯产品研发的所有活动，都是以特性为中心开展的。一种比较通常的方式是规划一批特性，然后经过一个开发阶段进入测试，集中测试回归后完成发布。但在“QQ 农牧场”，从特性规划、计划、开发、测试、发布都是以特性为单位来驱动的。也就是说当完成了一个特性的开发后，即刻转入测试、完成测试后即刻发布。在一个迭代周期内，会有很多不同的特性独立并行于从开发到发布的过程。

这还必须依赖于产品技术架构、测试自动化、运维发布自动化能力做支撑。但是“以特性为中心、随做随发”的核心思想，是产品、技术、项目管理、运维的指导原则，它是让产品的整个研发配套能力建设围绕这个中心来持续开展的基础。

反馈及时，响应快速

腾讯做到产品的快速发布只是第一步，其根本目的就是让用户尽快用到新功能，尽快得到用户反馈信息，以便及时地对产品开发做调整。所以，一个产品团队能否快速获取用户反馈、是否真正重视反馈并及时作出响应非常重要。经历了 12 年互联网的摸爬滚打，腾讯公司非常重视来自用户的反馈意见，并不断改进产品，积累了丰富的交付经验。

也许你是名牌大学的优秀毕业生，也许你头顶 MBA 的光环，也许你在事业中正如鱼得水，但若是你耽于安逸、固步自封，这种现状又能维持多久？

古语云：“吾生也有涯，而知也无涯。”在这个经济高速发展、“快餐文化”大行其道的今天，停滞不前就意味着落后。如果我们不继续充实自己，就无法取得生活和工作所需要的知识。要想在工作中有所突破，时刻保持进取心才是王道。

进取心——成功的敲门砖

企业都清楚员工的需求，也知道满足这些需求很重要，但在招聘时，他们关心的主要问题仍然会是：“这个人能为我们企业做什么？”企业所寻找的，是那种有动力和热情、能够证明自己确实为企业做出贡献的人。

《追求卓越》的作者汤姆·彼得斯被认为是当代最杰出的管理专家之一，在一次讲演中，他引用了一位咨询专家的话，他评价说，这句话可能是英语语言中最重要的话。你猜得到这句话是怎么说的吗？这句话是：“如果你说不出你能怎样使公司受益，那你就该走人了！”就是这句话令汤姆·彼得斯激赏。他说，这句话和我们每个人的职业生涯息息相关，影响我们的命运，决定我们的前途，对于这句话的重要性怎样高估都不过分。这就是商业社会的伦理法则。

任何一个员工，都不能只是被动地等待别人告诉你应该做什么，而是应该主动去了解自己应该做什么，还能做什么，怎样精益求精，做到更好，并且认真规划它们，然后全力以赴地去完成。想想今天世界上的那些成功者，有几个是懒懒散散、等人吩咐的人？对待自己的分内之事，需要的是以一个母亲对孩子那样的责任心和爱心全力投入、不断努力。你的成果本身就是你的孩子，你的工作就是你在这个世界上存在的证明，可是扪心自问一下，你真的做到了具有像母亲那样的责任感了吗？果真能做到这一点，便没有什么目标是不能达到的。

高度进取心是马化腾用人最重视的素质

一家公司人事经理曾说：“不管应聘者在校时的成绩多么好，如果缺乏到本公司工作的意愿，那公司肯定是不会要的。公司需要的是那种不畏艰难、不怕失败，能不屈不挠开拓进取的人。”另一公司的人事经理说：“公司需要的是有个性的人。在面试中，我们的评价要点着重看应聘者到底是否具有个性。”尽管每个公司都有各自不同的人才评价标准，但对应聘者的要求有几点却很一致：

一是企业需要具有高度进取心的人。简单地说，各公司都喜欢那些真正想干点事情的人。这些人往往能自觉地、积极地进行努力，并能不屈不挠地把思想付诸行动，影响和带动周围的人去工作。一个人如果缺乏进取心，在工作中抱应付态度，自然不会提出主动性建议，也不会去开拓工作的新局面。

二是企业需要具有良好人际适应能力的人。良好的人际适应能力是指一个人在组织中与其他成员的协调能力和沟通能力。具有良好人际适应能力的人往往能团结和带动组织中的其他成员进行工作。组织中许多项目的完成均要通过各个成员的相互协力，并且良好的人际适应能力也有利于组织和外界进行联络。

三是企业需要具有高度灵活应变能力的人。企业是一个活生生的处于不断发展之中的实体。在企业的发展过程中，会遇到许多意想不到的新问题，这就需要员工具有应变能力，能灵活地适应各种环境的变化。有些人力资源专家认为，应变能力是现代“白领”必须具备的、最重要的素质之一。

四是能适应本公司工作的人。面试是企业和应聘者之间的互相沟通，除了工作能力外，每个公司都有其特殊的文化环境，当主试者感到应聘者不合乎本公司的文化环境时，就不会录用应聘者。能适应本公司工作的人，不但是指能力上适应，而且包括个人修养、言谈举止、工作作风等多方面。

永葆进取心，拥有进取心，你才能成为一名杰出人物。

人类的通病，一旦稍有成就便沾沾自喜，安于现状，而降低了求知的热情。长此以往，不进反退，就终要被时代潮流所遗弃。因此，我们要时常由内心生出警惕，激发求新的欲念，唤起求知进取的精神，这才是面对时代潮流而不被历史所淘汰的法宝。

有这样一个小故事。一位老先生去报名参加日语班课程，初习班小姐以为老先生是帮别人报名，没想到是老先生自己要学，于是好奇地问：“伯伯，您多大年纪了？”老先生回答说：“六十八岁。”小姐告诉老先生说：“要学会，需要两年的时间，到时候您都已经七十岁了。”老先生笑着对她说：“如果我现在不学，两年后会是六十六岁吗？”上进是不分年龄的，一旦订立了目标及方向，就必须实施行动，勉励自己时时努力。学问大多都是经由日积月累的学习、努力、成长而堆砌出来的，只要有心永不嫌晚，有什么比“起而行”更为重要的呢？

工作中的进取心，是前进的动力，进步的保证。只有不断超越自己，坚持每天进步一点点，才能保证自己不断前进和成长。所以，进取心，是人生斑斓多姿、丰富多彩的基础和保证。领导力的一个特性是：领导力只存在于有进取心的人的身上。你必须主动提高领导力，因为它永远不会自己找上门来。仔细观察你周围的领导者，你会发现，在工作中，他们不仅拥有进取心，而且目标明确。

善于欣赏，善于学习

欣赏别人，是一种境界。古人云：三人行，必有我师。一个人无论有多么渺小，多么微不足道，他身上必有我们所没有的闪光点。生活中不是缺少美，而是缺少发现美的眼睛。

“渗透”是马化腾挂在嘴边的一个词。从初期的学习、借鉴水的力量发展到今天，马化腾已经将水的力量化为自身的力量，并运用到极致。

一个偶然的机会，马化腾接触到了以色列人发明的即时聊天工具 ICQ，就以此为模板开始研发，仅仅三个月便推陈出新，发布了中国版的 ICQ，并摒弃了 ICQ 的弱点，比如加入了离线消息、个性化头像等功能。就是这样一款软件，迅速成为中国网民的首选聊天工具，改变了中国年轻人的沟通方式。

经过一年多的发展，腾讯迅速地拥有了逼近亿数的互联网注册用户量，但马化腾却苦于没有收费的渠道。2000 年“移动梦网”通过手机代收费的分成模式，为马化腾开启了一条“金光大道”。到 2001 年年底，腾讯实现了 1022 万元人民币的纯利润。

凭借 QQ 的成功，腾讯开始“花瓣式扩张”，逐渐成为王者。2003 年，腾讯开始做门户，后来做休闲游戏和大型网游，2005 年，腾讯又在网络拍卖和在线支付上出手，此后，腾讯更冲入搜索市场……马化腾成为行业“战争”的发起者，但结果是马化腾创立了中国三家最大的综合门户网站之一、第二大 C2C 网站、最大的网上休闲游戏网站，其社区服务 QQ 空间的活跃用户数甚至超过了 Facebook（社交网站）。

腾讯的成功，用最通俗的语言解读就是“模仿”。中国没有哪一个产业可以像互联网那样，几乎与美国完全同步；也没有哪一个产业像互联网那样，可以把鲁迅的“拿来主义”发挥到极致。之所以能够这样，是因为腾讯采取了技术跟进策略，在模仿中追逐创新。作为素材，本文适用于渗透的力量、模仿与创新、尊重、优势等话题。

学会“仰视”，学着欣赏他人，不管是朋友、对手还是下属，这种习惯必将使我们受益匪浅。心理学家和团队专家哈维·罗宾斯说：“团队领导最重要的技巧就是要学会与各式各样的人打交道。你必须了解人们希望你怎样对待他们，然后才能让他们跟随你。”你希望得到别人的欣赏，首先得学会欣赏别人。

有这样一个故事。

那是一个暖洋洋的春天的中午，希拉里和爸爸在郊区公园散步。在那儿，她看见一个很滑稽的老太太。天气那么暖和，她却紧裹着一件厚厚的羊绒大衣，脖子上围着一条毛皮围巾，仿佛天上正下着鹅毛大雪。她轻轻地拽了一下爸爸的胳膊说：“爸，你看那位老太太的样子多可笑呀。”

当时爸爸的表情显得特别的严肃。他沉默了一会儿说：“希拉里，我突然发现你缺少一种本领，你不会欣赏别人。这证明你在与别人的交往中少了一份真诚和友善。”

当时她觉得爸爸有些小题大做了，就很不服气地问爸爸：“你难道不觉得那位老太太的样子很可笑吗?”

爸爸说：“和你相反，我很欣赏那位老太太。”她听了以后惊讶极了。

爸爸接着说：“那位老太太穿着大衣，围着围巾，也许是生病初愈，身体还不太舒服。但你看她的表情，她注视着树枝上一朵清香、漂亮的丁香花，表情是那么的生动，你不认为很可爱吗?她渴望春天，喜欢美好的大自然。我觉得这老太太令人感动!”

这时，她仔细地看了一下，那位老太太确实像爸爸说的那样，眼睛中闪动着某种渴望，荡漾在她脸上的笑容掩饰不住她内心的喜悦。

爸爸领着她走到那位老太太面前，微笑着说：“夫人，您欣赏春天时的神情真的令人感动，您使这春天变得更美好了!”

那位老太太似乎很激动：“谢谢，谢谢您！先生。”她说着，便从提包里取出一小袋甜饼递给了希拉里。“你真漂亮……”

事后，爸爸对希拉里说：“一定要学会真诚地欣赏别人，因为每个人都有值得我们欣赏的优点。当你这样做了，你就会获得很多的朋友。”

这个小故事推而广之，还可以这样看：你喜欢别人，别人也就喜欢你；你欣赏别人，别人也就欣赏你；你帮助别人，也就是帮助自己。与人方便其实就是给自己方便。古语云：“欲将取之，必先予之”，“汝爱人，人恒爱之”。就是这个道理。

有人在一个生活圈子里做过这样的游戏，让每个人写出最有好感的人员名单，同时也写出最讨厌的人员名单。最后统计发现一个规律：你产生好感的那些人，往往是对你有好感的人；而你所讨厌的人，往往也是讨厌你的人。

人与人之间的关系往往是相互的，与人为善，也是与自己为善。当你用欣赏的眼光看别人时，别人也会向你投来欣赏的眼光；当你用鄙视的眼光看别人时，别人也会向你投来鄙视的眼光。盛开的鲜花会引来蜜蜂和彩蝶，而发臭的瓜果蔬菜，只能招来苍蝇和蚊子。

把长处“偷”过来

懂得欣赏别人，才能更多地发现别人的优点，才能从他们身上汲取提升自己的能量。学会欣赏他人，最关键的一点就是要有一颗公平之心，用一颗真诚的、不带任何偏见的心来发现他人的优点。懂得欣赏别人、欣赏对手，不失为一种明智之举。

很多年前的一场NBA决赛中，NBA中的另一位新秀皮蓬独得33分，超过乔丹3分，因而成为公牛队中比赛得分首次超过乔丹的球员。比赛结束后，乔丹与皮蓬紧紧相拥，两人泪光闪闪。开始时，由于皮蓬是公牛队中最有希望超过乔丹的新秀，他自己也时常对乔丹流露一种不屑一顾的神情，还经常说乔丹在某方面不如自己，自己一定会占据乔丹首席位置这一类话。但乔丹并未把皮蓬当做潜在的威胁而排挤他。相反，他还时常以积极的态度事实鼓励皮蓬。有一次，乔丹对皮蓬说：“我俩的三分球谁投得好?”皮蓬有点心不在焉地回答：“你明知故问什么，当然是你。”因为那时，乔丹的三分球进球率是28.6%，而皮蓬是26.4%。但乔丹微笑着纠正：“不，是你。你投三分球的动作规范、自然，很有天赋，以后一定会投得更好。而我投三分球还有很多弱点。”并且还对他说，“我扣篮多用右手，习惯的用左手帮一下，而你，左右都行。”这一细节，连皮蓬自己都不知道，他被乔丹深深的感动了。从那以后，皮蓬不再把乔丹当做对手，两人彼此欣赏，成了最好的朋友。乔丹不仅以球艺，更以他那坦然无私的广阔胸襟，赢得了所有人的拥护和尊重，包括他的对手。如果你想从竞争对手那里学到更多的东西，我们就应当学会欣赏对手，以对手的长处来补自己的短处，这样才能共同进步、共同发展。

借鉴《孙子兵法》，只关注“谋略”“诈道”，而全然不解孙子在兵法中所强调的道德关怀和人本精神，是把《孙子兵法》庸俗化。在商场中，学会欣赏你的竞争对手，而不是在“朋友”就是“敌人”的二元选择中思考你的交易，应该是企业家经营的最高境界。

一天，小老鼠不小心被狮子逮到，小老鼠求狮子放了它，并说，将来一定会报答狮子的。狮子十分不屑的放了小老鼠，根本不相信老鼠可以救得了狮子。可是，有一天，狮子被猎人捉住，小老鼠咬断绳子救了狮子。

所以，不要轻视那些看似不重要的人，应该向每个人学习优点，其实你在辅导一个人的不足的时候，也是一个学习的过程，也是在帮助别人，信任往往也是建立在帮助别人的基础上。你的每一个行为，都会影响下属，都会成为下属模仿的对象。

人们常说：“尺有所短，寸有所长。”下属也不例外。虚心学习下属的长处，把他们的长处“偷”过来，弥补自身不足，这亦是成功的管理者能够立于不败之地的法宝。

虚心地向下属学习，可以形成一种良性的互动激励。沃尔玛百货公司总裁山姆·沃尔顿强调：下属是创新和变革的最好源泉。其继任者格拉斯也说：“我们相信，在本顿维尔总部没有什么创造性的东西发生，我们的哲学是向员工们学习。”公司有相应制度给予保护和肯定。如20世纪80年代末，一位来自佛罗里达大学的营销专业学生在沃尔玛的配送中心做了一个夏天，对怎样填写订单提出了一个更有效的建议。公司不仅采用了他的建议，还以他的名字在佛罗里达大学设了一个五年的零售专业奖学金，表明对下属创造性的承认，公司的另一个制度是，如果有谁提了特别好的建议，哪怕是一个小时工，也会被请来参加周六上午的例会，与各位经理一起讨论，最终还会给予奖励。

正是沃尔玛百货公司的管理者这种虚心向员工学习的态度和举止，让员工觉得被尊重，价值被认可，充分调动了他们的工作热情，促使员工更加认真地工作，努力地探索更多可以提高工作效率和减少成本，增加利润的好方法，使沃尔玛始终保持世界零售业老大的荣誉。

无独有偶，有着“世界第一 CEO”称誉的通用前总裁杰克·韦尔奇也善于向下属学习，不仅成就了自己，还大大鼓励了下属的士气，创造了 GE 的辉煌。

杰克·韦尔奇是以极度真诚的态度向下属学习，而非为了取悦下属而玩的手段。韦尔奇的做法缜密而且系统，并非随意地到工厂或办公室的员工中间去搜集零散的信息。他深知，运用专业的调查技巧可以使他对一定比例的员工进行大规模的广泛调研，所以每一年度对员工们的意见和建议都仔细研究。通过向员工学习，韦尔奇获得了大量的第一手资料，再经过加工整理，就可能成为举世闻名的管理理念。

仰视下属，尊重下属，将获得他们的拥护和爱戴，同样，你会赢得更多的下属。

1949 年，38 岁的大卫·帕卡德参加了一次美国商界领袖们的聚会。与会者就如何追求企业利润侃侃而谈，但帕卡德不以为然。他在发言中说：“一家公司又比股东挣钱更崇高的责任，我们应该对员工负责，应该承认他们的尊严。”帕卡德在造就硅谷精神方面的贡献，恐怕超过了任何 CEO。就像希腊的民主遗产一样，他尊重并欣赏每一个人的态度，对周围人和企业的影响至深至远。正是帕卡德这种尊重别人的思想和精神，缔造出了今天惠普（HP）这个产业帝国。

有些时候，你的新职务把你放到了不熟悉的领域。你手下的人对部门的业务比你更加内行。这个时候，更要发挥你善于学习的精神。在这样的时候，即便从行政序列上讲团队成员需要你的指导，你也必须向他们学习专业知识。

波音公司的布鲁斯·莫拉维克当了七年的制造工程师，拥有出色的技术。但当他被提拔为 757 改型项目的经理时，他认识到作为对某一领域知之甚少的外行，他必须赢得内行人的尊重。这个项目要加长机身，他也必须扩展自己的技能，并在这同时领导别人。

“你得为新的角色建立威信，同时还得丰富自身的知识，”他说，“如果你看人看得很准，就可以找一些你不熟悉领域里的专家，并开始依赖他们获取信息。”在需要边学习边领导的时候，如何达到一种平衡呢？莫拉维克说：“不要假充内行，那样注定要失败。我跟所有的下属讲，我们的角色是不同的：我的工作是整合资源，他们是专家。”没有行家就没有大家共同创业。

柯里·沙平被任命为一家天然气公司的客户开发小组经理时，必须实现个人技能的新跨越。他在油田作业部工作过三年，对自己擅长的领域得心应手、胜任愉快。但现在他必须转入营销和流程设计。而且他面临一个更棘手的基本问题：他的小组在公司中没有先例可循，他和他的组员都不知道如何开展工作。他的解决之道是："大家一起想办法。"

大家一起想办法，从新办法中获取需要的知识。既提高了自己的技能，又提升了个人领导力，这也是团队合作的一个重要方面。

第三课

掌控需求，把握核心
——马化腾谈扩张战略

保持创新，过去十年，中国互联网利用本土优势成功抵御了国际巨头的进攻，取得了全面胜利，但真正决定中国互联网生死存亡的是接下来的十年。这十年中国企业不仅要和国际企业比拼服务，更要拼创新和核心技术能力。

——马化腾

“粉”是一种资本

在现代网络专用语汇里，“粉”这个字的意思被延伸出很多意思，可以理解成“很、非常”；又由于是多数年轻人喜欢的颜色，粉也可以被理解成是“年轻”的代名词。在出席上海世博赞助签约仪式时，马化腾与下属刘胜义不约而同地系上粉色领带、穿上粉色衬衫。

刘胜义是马化腾挖到腾讯的职业经理人之一。在加盟腾讯前，这位马来西亚籍华裔曾是阳狮广告 CEO，对互联网几乎一无所知。但来到腾讯不到 3 年，他所负责的网络广告收入增长了 80%，向马化腾交了一份精彩的答卷。

对于粉色是否是腾讯的工作颜色，刘胜义笑而不答。但却说：“马化腾是个很年轻的人。”在刘胜义眼中，说老板年轻显然不是说他不沉稳，而是强调了在 IT 圈里混所必需有的资本。

年轻可以是一种心态，对没试过的东西有一种好奇，一种冲动。在这一点，马化腾表现得淋漓尽致。当初靠即时通讯起家，谁也没想到这个潮州小子竟有那么大的野心，把所有存在的而他们没有的业务都要试一遍。

“无线有 100 多亿元的盘子，我们必须进去；网游有 70 多亿的盘子，腾讯不能放弃；广告有 30 多亿的盘子，腾讯不能放弃；腾讯不能放弃的还有搜索、电子商务。”这句话在大约六年前被评为“互联网豪言壮语”，不仅是在揶揄马化腾，更多的是在提醒，腾讯是互联网界的“全民公敌”。

但实际上，两年之后，腾讯的这种全面开花的模式被更多的对手效仿，如百度、搜狐等等。

现在，在几乎囊括了所有互联网业态之后，马化腾宣布腾讯正在研究智能搜索，并将之定位成腾讯再次战略腾飞的基石。

每个男人都有过这样那样的欲望，尤其是成就大事业的欲望。如果一般人的欲望如同夜空中发出微弱光芒的星星或是偶尔划过长空的流星的话，那么男人的气魄就是一团熊熊燃烧的烈火。拥有放手一搏的魄力就是男人成功的推动力。

我们先来看看迈克尔·戴尔的创业故事，看看他是怎样掘取第一桶金并走上致富道路的。

迈克尔·戴尔在奥斯汀市的得克萨斯大学读书时，像大多数大一学生那样，他需要自己想办法赚零用钱。那时候，大学里几乎所有的人都想拥有自己的个人电脑，但由于售价太高，许多人买不起。一般人所想要的，是能满足他们的需要而又售价低廉的电脑，但市场上没有。

戴尔心想："经销商的经营成本并不高，为什么要让他们赚那么厚的利润？为什么不由制造商直接卖给用户呢？"戴尔知道，IBM公司规定经销商每月必须提取一定数额的个人电脑，而多数经销商都无法把货全部卖掉。他也知道，如果存货积压太多，经销商会损失很大。于是，他按成本价购得经销商的存货，然后在宿舍里加装配件，改进性能。这些经过改良的电脑十分受欢迎。戴尔见市场的需求巨大，于是在当地刊登广告，以零售价的八五折推出他那些改装过的电脑。不久，许多商业机构、医院和律师事务所都成了他的顾客。

有一次戴尔放假回家时，他的父母表示担心他的学习成绩。"如果你想创业，等你获得学位之后再说吧。"他父亲劝他。戴尔当时答应了，可是一回到奥斯汀，他就觉得如果听父亲的话，就是在放弃一个一生难遇的机会。"我认为我绝不能错过这个机会。"一个月后，他又开始销售电脑，每月赚5万多美元。戴尔坦白地告诉父母："我决定退学，自己开办公司。""你的目标到底是什么？"父亲问道。"和万国商用机器公司竞争。"和万国商用机器公司竞争？他的父母大吃一惊，觉得他太好高骛远了。但无论他们怎样劝说，戴尔始终坚持己见。终于，他们达成了协议：他可以在暑假时试办一家电脑公司，如果办得不成功，到9月他就要回学校去读书。

戴尔回奥斯汀后，拿出全部积蓄创办戴尔电脑公司。他以每月续约一次的方式租了一个只有一间房的办事处，雇用了第一位雇员——负责处理财务和行政工作。在广告方面，他在一只空盒子底上画了戴尔电脑公司第一个广告的草图。朋友按草图重绘后拿到报馆去刊登。

戴尔仍然专门直销经他改装的万国商用机器公司个人电脑。第一个月营业额便达到18万美元，第二个月26.5万美元，不到一年，他便每月售出个人电脑1000台。积极推行直销、按客户的要求装配电脑、提供退货还钱以及对失灵电脑“保证翌日登门修理”的服务举措，为戴尔公司赢得了广阔的市场。

戴尔电脑公司鼓励雇员提出新的创意。雇员提了一个创意之后，如果公司认为值得一试，那么，即使后来证明不可行，雇员也会获得奖赏。到了迈克尔·戴尔本应大学毕业的时候，他的公司每年营业额已达7000万美元。戴尔停止出售改装电脑，转为自行设计、生产和销售自己的电脑。

很快，戴尔电脑公司就在全球16个国家（包括日本）设有附属公司，直到今天，戴尔仍立于不败之地。

也许你会说，那时的戴尔年轻气盛，他有资本去创业，可是想想看，如果一个人放弃自己的学业，拿出自己的全部储蓄去创业，是那么容易的吗？这里要讲的是，如果你想掘到自己的第一桶金，就必须有放手一搏的胆量和气魄。

想要成就一番大的事业，做事就不能畏首畏尾，要有放手一搏的气魄。如果你现在不放手一搏，那么等待你的将是一个竞争更加激烈、前景更加难测的未来。

要有持之以恒的学习心

30 几岁就成功的马化腾这样认为：学习的最大好处不总在于所记得的内容，更在于它们的启迪，它们对塑造性格的巨大影响。成功的企业领导人知道，那些已经融入一个人体内的、随时可用的少量知识要比空泛而无用的大量知识能成就更多的事业。

作为年轻人，学习是我们生活的重要内容。但是，并不是每个人都能认识到学习的重要性，以至不知道去学什么，怎么去学，然后便是什么都不学。这样的人，一旦选择了放弃学习，人生就不可能取得任何突破了。

社会不会一成不变，新陈代谢是必然的规律。人作为社会上最小的细胞，一旦成为社会进步的包袱，自然就会被社会无情地淘汰。所以，作为年轻人，只有不断学习，每天都把昨天的自己淘汰，才能保证自己不被时代淘汰。

年轻人最大的弱点就是总在被动地学习。学习是因为别人的需要而不是自己的需要。高中以前读书是为了考大学的需要，大学里学习是为了拿到毕业证的需要，上班了去学习是老板的需要。

但是，社会的需要、个人成功的需要是无限度的，没有最高，只有更高。我们所掌握的知识永远满足不了社会发展的需要，一个人要想成大功，更大限度满足社会的需要，就得终生学习，学习各方面的知识，使自己成为全能的战士。

李开复，这个在中国家喻户晓的人，在 1998—2004 年，一手创办了微软中国研究院，并成为微软公司的全球副总裁。他是最早进入微软高级管理层的华人，也是在苹果、微软、Google 世界三大 IT 巨头都工作过的人。

这个 11 岁从中国台湾去美国读书的人，天生就是一个爱学习、会学习的人。他在哥伦比亚大学读书的时候，曾一度沉迷电子游戏和桥牌，导致学习成绩下滑。知道学习重要性的他及时反省，把落下的课程都补了回来。

除了计算机专业，他还选修了好多跟专业看起来无关的课程，譬如中文、中国历史、欧洲文学、心理学，这些看起来对他拿到学位一点帮助都没有的知识，对他的一生却起着巨大的作用。

李开复创办微软中国研究院时，能说一口流利的普通话，能用中文写作，对中国、中国人有着更深刻的了解，这些都是微软公司其他人不具备的优势。到后来，他能写出改变很多中国年轻人的畅销书《做最好的自己》，创办开复网。不能否认，这和他年轻时爱学习、会学习有关。

李开复说："微软对我最大的影响，是给了我一个回到中国工作的机会。"但是对微软来说，这个爱学习、会学习的人，是领导微软中国研究院的不二人选，是他为自己赢得了在中国工作的机会。在大学究竟要学什么成了很多年轻人的疑问。其实在大学里，我们学会会学习就成了。大学学的专业知识，也许我们一辈子都不用上，但是会学习却是我们受用终生的。

曾经有个大学生问李嘉诚："今天你拥有如此巨大的王国，靠的是什么?"

李嘉诚毫不犹豫告诉他："靠学习，不断地学习!"

在知识经济时代，如果你有资金，但是缺乏知识，没有最新的讯息，无论何种行业，你失败的可能性都较大；但若你有知识，没有资金的话，小小的付出也能够有回报，并且很可能达到成功。现在跟数十年前比，知识和资金在通往成功路上所起的作用完全不同。

我们要把握机会，就不能与时代脱节，也不可以裹足不前。21 世纪的竞争，是知识的竞争。时代的车轮不断地在滚滚前转，竞争日趋激烈，要在千百万人当中脱颖而出，成为出类拔萃的一类人物，是件不易的事。作为年轻人，一个不可缺少的条件就是：不断学习、不断进步、不断创新。一个人倘若没有正确的学习观，不能够做到与时俱进，那他的事业也就不会成功。

会学习的人，是带着思考和研究的态度去学习的。在学习过程中，始终保持发散性网状思维，把书本上讲到的知识与现实生活的用处瞬间就能串联起来，并且考虑怎么用，用在什么地方。

会学习和会做人一样，不能急功近利。比尔·盖茨和李开复在读中学的时候，美国的法律专业非常火，律师是社会地位比较高、收入非常好的职业。比尔·盖茨也选择了哈佛大学的法律专业，但是一年之后他放弃了，还是选择辍学搞软件编程。而李开复也没有选择学法律，而是选择了在当时世人都不知道将来能干什么的计算机专业。

并不是所有年轻人都像他们那样，在面对学什么的时候，有那么好的预见性。但是，只要我们爱学习、会学习，就有可能扭转当初选择上的错误。

品牌全面化，拓展用户群

腾讯要发展壮大，要做自己的事业，在某些领域肯定会形成别人的竞争对手，这是一种必然。而对“全民公敌”这个称号，我不以为然，腾讯一直以来都是在专注的做自己应该做的事情，并非有意要成为互联网行业的“公敌”。

当初，腾讯凭借 OICQ 的成功，开始在互联网行业进行“花瓣式扩张”。2003 年，腾讯开始做门户，成为新浪、搜狐的对手；后来又做休闲游戏和大型网游，跟陈天桥和丁磊狭路相逢；2004 年，腾讯在搜索引擎、网络游戏和电子商务三个业务领域全面进军。2005 年，腾讯又在网络拍卖和在线支付上出手，追赶马云；此后，腾讯更是迅速冲入搜索市场，目标直指百度李彦宏。腾讯先后进入门户、电子商务、在线游戏、搜索等多个领域，不经意间，马化腾随成为行业的“公敌”，“全民公敌”的称号也由此得来。

靠着 QQ 成功，腾讯拥有高达 3.4 亿的注册用户，无论其推出任何一项产品和服务，只要与 QQ 挂钩，几乎是一出手都能做得很成功。于是马化腾也开始成为中国互联网的“全民公敌”，当然不管他愿意与否，几乎所有互联网公司都曾向他宣战。所有的互联网企业精英们都时刻警惕着这只看似憨厚，但实际上却充满了攻击性的小企鹅。

当有记者问到马化腾得知自己在行业内成为“全民公敌”，是一种什么样的感觉时，马化腾回答说：“我一直明白自己该做什么和在做什么，可就算你告诉别人这一切，他们也未必信。就像当年腾讯说自己想做门户网站的时候，没有人认为我们能做得成一样。其实所谓的全民公敌，并不是说腾讯看到别人做什么就眼红，然后想去分一杯羹。其实，不管在哪个新兴领域，腾讯都是最早的尝试者之一，因为你如果不这样做，那么，你就很可能落在别人的后面。”

企业在发展的过程中，难免触犯到同行业内相关企业的利益，这是一种必然。作为领导者，要保持良好的心态与稳健的步伐，如此才能在众人警惕的目光下，仍然带着企业不断发展。

人生在世，谁都会遇到困境。困境使我们痛苦，但同时又是一种挑战和考验，激励我们成长，这是生活的辩证法。问题的关键不在于挫折的有无和强弱，而在于我们对待挫折的态度。

对待困境的态度，首先表现在不怕失败所造成的困境上。强者和弱者的区别，很大程度就表现在他们对失败的态度。世界上的事情往往就是这样，事业未成，先尝苦果，壮志未酬，先遭失败。而且，失败常常专与强者作对。原因很简单：期望水平低的目标容易达到，弱者胸无大志，几乎不经过什么失败就能如愿以偿，而期望水平高的目标难度大，失败的机会自然也越多。有的人期望成为强者，但却经不住失败的打击，他们经过一阵子奋斗，遭到一次乃至几次失败后，便偃旗息鼓，鸣金收兵了，因而最终只能与一事无成的弱者为伍。

有些人认为，经受住数十、数百次失败的打击而精神不垮，大概需要超人的毅力，一般人难以做到，其实未必如此。坚强的毅力并不单纯来自忍受，而首先来自明智和豁达。忍受失败的毅力，主要来源于对失败的科学认识和正确评价。强者认识到"失败是成功之母"，认识到没有失败就不会有成功，失败里面就包含着成功，因而对失败有着足够的心理准备，他们也认识到一次失败即是一次经验的积累，因而能在失败中看到成功的曙光。被失败打倒的人，与其说是害怕失败，毋宁说是对失败缺乏正确的认识。他们把失败视为一种不幸和灾难，在事情刚开始时，就抱有"只许成功不许失败"的想法，这不仅是不现实的，也是不明智的。

面对挫折，不同的人有不同的态度。与其闪避、畏惧、排斥，不如迎面而上。面对不可避免的挫折，唯一可取的态度是从容面对，如果进而能够快乐地掌控挫折带来的烦恼，那么，我们的心灵又得到了一次升华。

有这样一则故事，大意是说一只蝴蝶没有经过破蛹前必须经过的痛苦挣扎，以致出壳后身躯臃肿，翅膀干瘪，根本飞不起来，不久就死了。这个故事说明：痛苦是成长的必经之路，要得到欢乐，就必须能够承受痛苦和挫折。人的一生中，我们不止拥有挫折的痛苦体验，也拥有把不幸变为幸福、把伤痛变为无价奇珍、把令人痛心的缺陷变成新的力量的机遇。当我们从容面对，就可以掌控挫折；当我们有足够的勇气并保持快乐，就可以得到最珍贵的收获。

在现实生活中，挫折感往往产生于对人、对事、对自己的过于苛求。而生活的目的在于发现美、创造美、享受美，而不该盯着不完美、不理想的事物苦苦折磨自己。所以，应对挫折最重要的方法是不去过分苛求完美，从而减少挫折感的产生。

有一个故事，说有位渔夫从海里捞到一颗晶莹圆润的大珍珠，爱不释手。但是美中不足的是珍珠的上面有个小黑点。渔夫想，如能将小黑点去掉，珍珠将会变成无价之宝。可是渔夫剥掉一层，黑点仍在，再剥掉一层，黑点还在，这样一层层剥到最后，黑点没有了，珍珠也不复存在了。

其实，有黑点的珍珠不过是白璧微瑕，正是其浑然天成不着痕迹的可贵之处，如同“清水出芙蓉，天然去雕饰”。美在自然，美在朴实，美在真切。而渔夫想得到的是美的极致，在他消除了所谓的不足时，美也消失在他过于追求完美的过程中了，美真正的价值往往不在于它的完整，而在于那一点点的残缺，如同丧失双臂的维纳斯，给人无限遐想。

人生不如意者十之八九。面对挫折、苦难，是否能保持一份豁达的情怀，是否能保持一种积极向上的人生态度，这需要博大的胸襟，非凡的气度。如果你感到痛苦，证明你的心还不曾麻木。在逆境中磨炼出你的意志，不必计较一时的成败得。“风物长宜放眼量”，去追寻长久的精神底蕴。

坦然面对失去，需要及时调整心态，首先要面对现实，承认失去，不能总沉湎于已经不存在的东西之中，得到和失去其实是相对的。为了得到，需要失去，因为失去一些，可能又意想不到地得到了另一些。

老百姓有句俗话：“旧的不去，新的不来。”事实正是如此。与其为了失去而懊恼，不如全力争取新的得到。应该明白的是，有时失去并不一定是损失，而是放弃，是奉献，是大步跃进的前奏或序曲，这样的失去，不也是好事吗？

通过融资成长

正如马化腾所说的那样，如果没有风险投资，QQ 很可能会夭折，甚至腾讯都会陷入无力自保的尴尬之中。当 QQ 的用户数激增之时，马化腾在腾讯上要投入的资金也成倍地增长着。为了养大 QQ，他只好四处筹集资本。不过，就如前文所述，资本的筹集并不是一件简单的事情。况且当时的腾讯还名不见经传。

到了 1999 年，腾讯因为 QQ 用户数呈几何级数增长而开始受到了关注。借着这股春风，马化腾在 2000 年的高交会上携带着修改过 6 次、20 多页的商业计划书开始了“撞大运”。马化腾是幸运的，在这次高交会上盈科数码和 IDG 向他伸出了橄榄枝。后来马化腾在接受采访时说：“1998 年我刚刚创立腾讯的时候，互联网产业在中国正处在发展初期。当时网民才 300 万，不到现在的零头，现在是超过 3 亿，是那时的 100 倍！那时候的环境还没有这么好，获得风险投资的机会刚开始有，但那时候机会也非常小。我们也不太擅长这方面，幸好有高交会，第一届高交会是一个契机，很多投资者会关注深圳这个地方，给我们融资的机会。深圳不像北京有海归的圈子，他们找投资人比较容易。对于腾讯而言相当困难。但腾讯也算运气，风投依据 ICQ 的成功案例，对腾讯也就多少有些兴趣。盈科数码和 IDG 两家一起壮着胆子投资了腾讯。”

2000 年年初，盈科数码和 IDG 两家公司决定一共向腾讯投资 220 万美元，各占腾讯 20% 的股份。成功融资后，马化腾等人紧锣密鼓地开始购买服务器和宽带。虽然有了比较充足的资金，但马化腾还是决定自行组装服务器，这与当时互联网领域大手大脚地花钱的创业者形成了强烈的反差。马化腾认为，创建一家企业，就要对股东和投资者负责。“钱不是白拿的，”马化腾说，“腾讯固执地坚持一个原则：不能控股，不能插手经营，就不能随便要人家的钱，要自己一步步想明白了，再慢慢自己滚大。”这种使命感和责任感让马化腾看上去与同期的很多互联网淘金者大为不同，他的这种感恩之心也让腾讯从投资者那里得到了更大的尊重。一切就绪后，马化腾开始在业务上一一部署了。很快，QQ 的注册用户便达到了 1000 万。2000 年的腾讯，在得到了风险投资后又由于与广东移动的合作以及推出更多的增值服务而最终扭亏为盈。这是一个令人振奋的消息。腾讯从此不但可以自力更生，投资者对腾讯的关注度也更高。更重要的是，QQ 慢慢地变成了一种“现象”，这让马化腾觉得腾讯的未来是不可限量的。他说：“到 2000 年的时候，随便走进一个网吧，聊天工具 QQ 跳动的企鹅已经非常流行，我没有想到那么多人在网上争着和不认识的人聊天，好多人用 QQ 聊天是为了学习打字。”

腾讯成功了，马化腾成功了。通过融资，腾讯走上了发展的快车道，而马化腾也开始让“实用”变得更加普遍。

找到多样化的盈利方式——QQ 企鹅

2000 年，腾讯在经历艰难困苦之后终于开始盈利，这让马化腾兴奋不已。次年，马化腾开始借助 QQ 发力，业务经营上也开始走上了多样化的道路。很快，付费 QQ 会员制、QQ 品牌外包等盈利方式应运而生了。这其中，最佳的盈利方式便是 QQ 品牌外包。腾讯只此一项便获得了 10% 的代理费。

广州东利行在腾讯的 QQ 品牌推广上可谓立下了汗马功劳。当时，该公司生产了一系列的 QQ 产品，比如 QQ 服装、QQ 相架等产品，这些产品深受年轻消费者的喜爱。谈及将 QQ 品牌外包，马化腾说："这样授权出去，虽然要损失掉一部分利润，但是这样可以使我们把主要精力放在 QQ 系统的完善上。而且，我们对于玩具这样的行业并不熟悉，这种方式可以使我们避掉跨行业的风险。"

从此之后，QQ 和企鹅成为一种文化，不但代表着腾讯，更代表着一种时尚，一种全新的交流方式。网络上关于 QQ 的形象企鹅和 QQ 信息到来时的声音的设计过程，流传着许多的版本。后来，马化腾在腾讯内网上发表了一个帖子，算是阐述了企鹅真正的由来。他写道："原先并没有按'鸽子'设计过，这是误传了。当时是我让美工 koke 找些动物/植物来设计，尝试了好几个方案，主要是受限于 16×16 点像的表达，最后才定了企鹅（写实版），和 linux 的有些像（写实的企鹅样子都是类似的，且 linux 的企鹅是坐着的）。当时在传呼机和企鹅之间犹豫，因为第一个版本企鹅不算太好看，但最后放到网上让用户选择时，企鹅的得票率开始低于传呼机，但过几天后就开始追上了，且又补了几个用企鹅做的可爱动画 gif（如企鹅走路摔倒滑行等）。老用户开始怀旧，但新增用户没有包袱则选择企鹅了，就这么定下来了。"

"第二，胖企鹅的来由。应该说和陶瓷公仔关系不算大，的确做了第一批写实版之后再做时让厂家加胖一些（否则怎么叫储钱罐），但仍然没有太大的变化。真正变化的是在请了东利行帮我们重新设计时，东利行自己想出来的，包括红围巾。之后我们就按这个版本注册所有类别的商标了（包括汽车类，当时还未出来奇瑞 QQ）。”

关于企鹅，马化腾作了上述交代，那么 QQ 对话时那声悦耳的“滴滴声”呢？这个声音是马化腾亲自从自己当时的摩托罗拉传呼机上录制下来的，没有想到，日后成为风靡整个即时通信界的声音。

能够看到，马化腾在把 ICQ 打造成腾讯的 QQ 后，便借助这个法宝进行了一连串的深度扩展，他从 QQ 的身上挖掘出了无限的价值。或许他都惊讶于 QQ 带来的震撼效应。

2005 年 9 月，在接受《互联网周刊》采访时马化腾说：“经过 7 年的发展，腾讯的用户已经围绕 QQ、QQ. com 和 QQ 游戏、无线 3G 这四大网络平台形成了规模巨大的网络社区。”而这时腾讯依托于 QQ 的盈利方式又有了新的变化。但无论怎么变，宗旨只有一个——借助 QQ，让盈利方式无穷无尽，出现在腾讯的各个方面。

“关系链营销”

在泛关系链营销运用中，据腾讯公司网络媒体产品部助理总经理刘曜的介绍，首先应该搭建和把握好以下三大系统。

首先，是社交的交互系统，即覆盖每个网络用户的关系种类和圈子。腾讯在构建在线生活平台的过程中，通过 SNS 社区、个人虚拟世界、即时通讯、资讯、QQ 校友、QQ 农场、QQ 秀、电子商务等产品和服务，聚合用户的多重关系，构建起庞大的泛关系链网络。

2005 年上线的腾讯 Qzone，5 年来积累了大量的忠实用户。截至 2010 年 3 月，腾讯 QQ 即时通讯活跃用户账户数达 5.686 亿，QQ 空间的活跃用户账户数则达 4.28 亿。这个庞杂的网络关系形成一个个生态圈性质的关系链，并不断扩展、延伸。

其次，是品牌的互动平台，即实现跨平台产品及众多营销模式之间的无缝互动和互通互联。腾讯通过融合沟通、资讯、娱乐和电子商务四大网络平台的网络社区，在每个平台上都承载并匹配着众多的广告产品与营销模式，而每个用户的关系网络纵横交错地存在于此平台上，如持续性的主题活动、用户的口碑系统、企业官方的空间、粉丝的累计体系及资讯发布平台等，使平台之间互通并精准互动式传播。

最后，是内容植入系统。在在线营销过程中，根据广告主对覆盖、影响力、相关性、粘性的市场运作需求，腾讯借助 QQ 即时通讯、QQ 空间农场、Qzone 品牌空间、QQShow 魔法卡片等 SNS 关系链产品，为用户需求提供精准的策略支持。

这三大系统是建立在腾讯的 QQIM、Qzone、QQShow 三大产品/平台之上，促使各种关系链有效整合，使品牌信息不知不觉地成为关系链中用户生活的一部分，而且不让用户对这些品牌信息反感，使这种互动沟通能可信、持续、有效，由此彰显泛关系链营销的力量。

做产品就是做品牌

当 OICQ 变成了 QQ 后，腾讯的客户端名也变成了 QQ，可是腾讯的官方网站却还是 Tencent. com，这主要是因为 QQ. com 的域名还不在马化腾的手中。为了能够将这个与腾讯和 QQ 最匹配的域名俘获在手，马化腾等人可谓是煞费苦心。

事实上，这并非马化腾等人没有考虑到将 QQ. com 的域名注册，因为早在 1995 年 5 月份时，该域名已经被人注册了。1998 年，在腾讯成立的这一年，一个名叫罗伯特·亨茨曼的美国人将该域名买了下来作为个人电影艺术网站的域名。罗伯特·亨茨曼是一名经验丰富的软件工程师、律师，一直从事商业咨询方面的工作。罗伯特·亨茨曼拥有的 QQ. com 域名在相当长的一段时间内都在国外拍卖网站上登记代售，竞拍价高达 200 万美元。但因为竞价太高，所以一直无人问津。这其实是给马化腾留下了一个机会。

当然，以当时腾讯的财力是根本不能支付出高达 200 万美元的价钱的，所以马化腾走了一条协商的道路，希望能够与罗伯特·亨茨曼达成某种共识。在此期间，马化腾等人觉得既然 QQ. com 的竞价太高，索性试着看看能否把 QQ. com. cn 和 QQ. cn 这两个域名弄到手。结果令马化腾等人大失所望，他们并没有与拥有 QQ. com. cn 域名的杨飞雪达成一致。而 QQ. cn 这样的域名就更是腾讯无可触及的了。

虽然三个与 QQ 最相关的域名都不在腾讯的手中，但这似乎并不影响腾讯在众多领域的业务拓展。不过，随着腾讯发展得越来越迅猛，将与 QQ 相关的域名得到手就显得迫在眉睫了。这时，腾讯方面想出了一个“妙计”。

当时负责腾讯海外业务的高级副总裁名叫网大为，马化腾等人的想法是让网大为以个人的身份与罗伯特·亨茨曼接触，商谈能否以个人的名义将 QQ. com 买回来。两人同是美国人，马化腾等人希望事情能够有转机。

很快，网大为便给罗伯特·亨茨曼写了一个邮件，表示他要自己做一个个人网点，非常喜欢 QQ. com 这个域名，询问是否可以出让。罗伯特·亨茨曼给网大为的回复是：可以出让，价格是 10 万美元。

200 万美元一下降到 10 万美元，结果令人意外。就这样，网大为以个人身份为腾讯买回了 QQ. com 域名，加上律师费和手续费一共 11 万美元。成功地拿下了 QQ. com 后，马化腾等人便商讨怎样能把杨飞雪手中的 QQ. com. cn 也收入囊中。

当年，马化腾曾因不了解知识产权而被美国在线告以“侵权”，腾讯的 OICQ 因为与 ICQ 差别不大，所以被视为“抄袭”。此时，马化腾便以样画瓢地将此套路用在了杨飞雪的身上，最终硬是从杨飞雪的手中“夺”回了 QQ. com. cn 域名。就这样，与 QQ 最相关的两个域名都被腾讯紧握在手。而 QQ. cn 在不久之后没有原因地消失了，既不能访问也无法从域名注册机构获知到底谁是这个域名的拥有者。但这已经不重要了，因为腾讯已经拥有了属于自己的标志。

一个让人过目不忘的标志，是能够给人留下深刻印象的。更重要的是，拥有属于自己的标志是打造一个强大品牌的基础和依托。试想当时，如果马化腾没能成功地将 QQ. com. cn 和 QQ. com 两个域名拿到手，那么今天提起这两个域名，很多人会自然地将它们与 QQ、腾讯联系起来。倘若真是这样，腾讯就要备尝为他人作嫁的苦涩。

由此可见，一个属于自己的标志多么重要。

当然，一个企业在尚未获得更大发展的时候，或许不需要花费金钱和精力为了一个名字而劳神费力，但一个立志将企业做大做强的领导者对此就不能不考虑。拥有了属于自己的标志，团队的凝聚力才会更强，他们的努力才会有更明确的方向。

创业者在刚起步之时，对于名称、标志和品牌大多不太在意，看不到它们对于未来企业的意义和价值。可是，一旦你的企业开始朝着大发展的方向走去，就像一个大队伍前进的时候需要举旗引领一样，就必须有与之匹配的名称、品牌和标志。否则，就会在前行的路上受阻，甚至遭受意外的损失。

名称、标志和品牌，这些都是企业的无形资产，它们对企业的意义和价值，往往超过有形资产。可口可乐正是凭着它巨大的品牌效应，征服了全世界数十亿人的口味。其品牌价值也达到了上百亿美元。

拥有属于自己的标志，不仅仅是因为企业需要门面，更是为日后发展着想。在现代商界，任何一个知名企业往往只需要亮出自己的品牌，就会得到来自消费者的信任、合作伙伴的诚意，甚至竞争对手的尊重，这就是品牌的力量。

细节决定成败

在管理企业的过程中，细心必不可少。对于腾讯内部研发的每项产品，特别是创新类的产品，马化腾都要求自己、要求员工非常细心地试用，并提出非常详细的产品体验修改建议。

其实，很多事情并不是开始的时候就有问题，而是在执行的过程当中没有执行到位。所以凡事必须细心，才不会在执行的过程中出现漏洞。其实，很多事情都要一边做一边修正，作为企业领导，要随时注意、随时调整和随时修补。

作为企业的领导者，也许你不可能在各方面都做得很到位，但你必须凡事以细心的态度来要求自己。不仅这样要求自己，也要去要求每一位员工。不管你的能力有多大，有时候，如果没有把事情做到细处，那么也有可能使公司付出惨重的代价。

古语说："千里之堤，溃于蚁穴"，意旨强调要想成就伟大的事业，就不要忽视微小之处。一个领导如何去管理，怎样管理好？其实很简单，主要去管理那些别人不管的事情、看不到的事情、做不到的事情、想不到的事情和说不出的事情。

在腾讯内部有一个自上而下不成文的规定，就是要求每一个员工长期以用户身份来体验公司产品。马化腾说："当你的产品在用户手里出现问题时，会有特别多的人骂你。所以，我要求每个'产品经理要把自己当一个挑剔的用户，经常去找一些别人看不出的毛病和弊端'，只有这样，才能保证产品在用户手中的满意度。"

此外，领导者不能整天都签一样的字，看一样的报告，批一样的公文，要经常去做点例外的事，比如专门去找人家忽视的地方，挑人家看不到的毛病和弊端。如果一个领导者只坐在办公室里，那么工作就无法做好。

有时候，小事情促成大事情，小毛病促成大问题，所以，作为企业管理者，要学会从那些小事情抓起。这样不仅保证管理和产品不出问题，也能在员工心中树立威信。

腾讯的业务体系

（1）QQ 业务

1999 年 2 月，腾讯推出基于互联网的即时通讯工具——腾讯 QQ，支持在线消息收发、即时传送语音、视频和文件，并且整合移动通信手段，可通过客户端发送信息给手机用户。目前 QQ 已开发出穿越防火墙、动态表情、给好友放录像、捕捉荧屏、共享文件夹、提供聊天场景、聊天时可显示图片等强大的使用功能。并且是为用户提供互联网业务、无线和固网业务的最基本平台。

TM

Tencent Messenger（简称 TM）是腾讯公司精心打造的第二款即时通讯软件。针对办公环境设计，侧重于熟人间的沟通和联系。TM 强化安全措施、优化性能、更加高效安全。TM 电子名片、TM 隐身时对组、联系人可见、TM 反打扰等功能都使办公中的沟通更轻松简单。

RTX

腾讯通 RTX（Real Time eXchange）是腾讯公司推出的企业级即时通讯平台。企业员工可以轻松地通过服务器所配置的组织架构查找需要进行通讯的人员，并采用丰富的沟通方式进行实时沟通。文本消息、文件传输、直接语音会话或者视频的形式满足不同办公环境下的沟通需求。

腾讯 TT 浏览器

腾讯 TT 是一款多页面浏览器，具有亲切友好的用户界面，提供多种皮肤供用户根据个人喜好使用，另外 TT 更新了多项人性化的特色功能：智能屏蔽一键开通、最近浏览一键找回、多线程高速下载、浏览记录一键清除等使上网冲浪变得更加轻松自如，省时省力。

QQ 医生

QQ 医生是腾讯公司针对盗取 QQ 密码的木马病毒所开发出的一款盗号木马专杀工具。它能够准确的扫描用户计算机上的盗号木马程序，并有效清除。它打破传统杀毒软件复杂困难的操作习惯，界面简洁，使用简单舒适，自动更新，为 QQ 用户提供了更加安全贴心的服务。

QQ 邮箱

QQ 邮箱是腾讯公司 2002 年推出，向用户提供安全、稳定、快速、便捷电子邮件服务的邮箱产品，目前已为超过 6000 万的邮箱用户提供免费和增值邮箱服务。QQ 邮箱和 QQ 即时通软件已成为中国网民网上通信的主要方式。

超级旋风

2006 年 11 月腾讯推出下载软件——超级旋风，支持多个任务同时进行，每个任务使用多地址下载、多线程、断点续传、线程连续调度优化、下载速度快，无广告，无流氓插件，完全免费。目前超级旋风新增对于 vista 系统的支持。

（2）网络媒体

腾讯网

腾讯网（www. qq. com）是中国最大的中文门户网站，是腾讯公司推出的集新闻信息、互动社区、娱乐产品和基础服务为一体的大型综合门户网站。腾讯网服务于全球华人用户，致力成为最具传播力和互动性，权威、主流、时尚的互联网媒体平台。通过强大的实时新闻和全面深入的信息资讯服务，为中国数以亿计的互联网用户提供富有创意的网上新生活。

搜搜

搜搜（www. soso. com）是腾讯旗下的搜索网站，是腾讯主要的业务单元之一。网站于 2006 年 3 月正式发布并开始运营。

搜搜目前主要包括网页搜索、综合搜索、图片搜索、音乐搜索、论坛搜索、搜吧等 16 项产品，通过互联网信息的及时获取和主动呈现，为广大用户提供实用和便利的搜索服务。用户既可以使用网页、音乐、图片等搜索功能寻找海量的内容信息，也可以通过搜吧、论坛等产品表达和交流思想。搜搜旗下的问问产品将为用户提供更广阔的信息及知识分享平台。

（3）无线和固网增值业务

无线和固网业务主要为用户提供 QQ 与手机或其他终端互联互通的即时通信及增值服务。

手机腾讯网

手机腾讯网是腾讯公司的手机网门户，是一个手机上网时可随意访问的免费无线 WAP 站点。该网站向用户免费提供 QQ 聊天功能，新闻资讯实时浏览；提供实用的生活工具：包括手机硬盘，手机相册，手机查询天气，手机搜索；提供多元化的手机娱乐解决方案：包括手机 Qzone，手机书城，手机社区，手机图铃下载和手机游戏。

超级 QQ

超级 QQ 为腾讯公司开发的一款休闲娱乐类主打产品。利用该产品可以实现手机累积 QQ 在线时长、短信设置 QQ 资料、看资讯、天气、笑话等超值功能，满足用户通过手机玩转 QQ 的多种需求，并提供全方位的手机娱乐平台。

QQ 千里眼

QQ 千里眼是根据 QQ 用户的不同需求，提供相应关注信息的短信业务。具体功能是：用户开通业务后可以主动设置与好友相关的信息：好友上线通知、好友下线通知、查隐身好友聊天、接收离线消息、QQ 密码修改和 Q 币消费提醒等，随时随地了解好友一举一动，看牢 QQ 个人信息。开通后，用户还可根据自己的需要进行每天接收信息的时段、N 小时内重复上下线不通知等频率的设置。

娱乐一击

娱乐一击是腾讯公司最新推出的超值短信娱乐套餐。注册后，您的 QQ 立即出现晶钻手机身份标志；娱乐一击还提供 QQ 通信套餐和诸多 QQ 特权。QQ 通信套餐包括：每月 300 条 QQ 短信，60 条 QQ 彩信，60 条 QQ 彩字；QQ 特权包括：手机娱乐资讯、书城、在线影院，QQ 无线秀、图铃下载、百兆 QQ 相册。

（4）互动娱乐业务

互动娱乐业务系统负责腾讯的游戏业务，是全球领先的游戏开发和运营机构。拥有 QQGame 休闲游戏平台、大型网游、中型休闲游戏、桌面养成游戏、对战平台五大类近六十款游戏。

其中，QQGame 休闲游戏平台平均在线已突破 300 万、QQ 宠物同时在线突破 100 万、QQ 幻想公测同时在线突破 66 万、QQ 堂是文化部批准的第一批绿色网游、QQ 音速荣获“2006 年度最受网民喜爱的免费网游”称号。

除自主研发外，腾讯也通过联合运营、代理合作两大模式，积极引进可持续发展的精品游戏，打造最具价值的综合运营平台。迄今为止，已成功引进《QQ 凯旋》《QQ 音速》，成功运营《华夏 2》等多款网游。

强大的开发能力和专业的营销平台也获得了合作伙伴的广泛认同，已与肯德基、蒙牛、宝洁、NIKE 等众多知名品牌强强携手，开创并引领着中国互联网互动营销的新模式。

（5）互联网增值业务

腾讯的互联网增值业务是基于腾讯公司的核心服务——即时通讯平台之上，为 QQ 用户提供更加丰富多彩的个性化增值服务，主要服务包括会员特权、网络虚拟形象、个人空间网络社区、网络音乐、交友等。互联网增值服务主要以网络社区为基础平台，通过用户之间的沟通和互动，激发用户自我表现和娱乐的需求，从而给用户提供各类个性化增值服务和虚拟物品消费服务。

依托强大的即时通讯平台，根据对用户需求及时和准确的把握，互联网增值业务近年发展迅速，获得用户高度认知，每月活跃用户数超过 5000 万。拥有互联网活跃、庞大的用户群，增值业务表现出来极强的互动性，成为传统媒体近年来重视的、发展迅猛的新型互动平台。

QQ 空间

QQ 空间是一个专属于用户自己的新一代的多媒体个性空间，是一种全新的网络生活方式；它以抒发用户情感、分享内容、与人互动为三大主要内容，以多媒体为最主要的表现形式，是一个大众化的在线时尚生活平台；通过用户的情感分享和朋友互动，满足用户展示、分享和交流自己的时尚生活的需求。

QQ 会员

QQ 会员是腾讯公司高端增值用户，通过为会员提供手机、客户端、网络在内的增值服务内容，同时还拥有折扣特权和丰富的线下活动。

QQ 秀

QQ 秀是 QQ 虚拟形象设计系统。QQ 用户可以选择 QQ 秀商城的虚拟服饰、珠宝首饰、场景和化妆整形来装扮您在 QQ、QQ 聊天室、腾讯社区、QQ 交友等服务中显示的虚拟形象。

QQ 音乐

QQ 音乐播放器是腾讯公司自主研发的一款同时支持在线音乐和本地音乐的播放器，是国内领先的正版在线数字音乐平台。其强大的音乐搜索和推荐功能，让您轻松的享受最新、最流行、最火爆的音乐。QQ 音乐播放器还非常注重用户的音乐互动交流及分享。只要您拥有 QQ 音乐播放器，就能随时拥有更多自己喜爱的音乐。

QQLive

QQLive 是由腾讯公司自主研发的 P2P 流媒体互动传播平台。QQLive 能够为互联网用户提供稳定和流畅的音视频直播节目。与传统的流媒体相比，QQLive 采用了 P2P－Streaming 技术，具有用户越多播放越稳定，支持百万级用户同时在线的大规模访问等特点。QQLive 客户端可以应用于网页，桌面程序等各种环境，并提供丰富的视频节目及实时互动功能，能够满足不同类型的用户需求。

QQ 交友

QQ 交友是国内最大的休闲交友平台，该平台目标用户为年轻的时尚一族，拥有数千万的注册用户，同时在线量超过十万。网站提供了强大的搜索功能，可以精确的找到自己的理想对象。同时提供了收藏、留言、即时聊天等互动功能，帮助大家方便的互相沟通，增进彼此的了解。

爱情小镇

爱情小镇是腾讯最新推出的婚恋交友平台，希望爱情小镇成为一个纯净的婚恋交友社区，帮助千千万万单身人士找到自己的幸福。

(6) 电子商务

电子商务业务是腾讯为互联网用户提供的在线交易和支付的整合服务，是腾讯公司“在线生活”战略在电子商务领域的重要业务布局。该业务不仅为互联网用户提供了方便、自由的网上交易平台和互动社区，还为个人和企业提供了安全、专业的在线支付服务。

拍拍网

拍拍网（www. paipai. com）是腾讯旗下的电子商务交易平台，网站于2005年9月12日上线发布，2006年3月13日宣布正式运营。拍拍网为用户提供了方便、快捷的网上交易服务，包括网上购物和商品的自主买卖交易等。

拍拍网主要有网游天地、女人街、数码城、运动馆、书籍音像、QQ特区、特价哄抢等七大频道，其中的QQ特区还包括QQ宠物、QQ秀、QQ公仔等腾讯特色产品及服务。拍拍网拥有功能强大的在线支付平台——财付通，能为用户提供安全、便捷的在线支付服务。同时，拍拍网还开发了“边聊边买”、抵押金安全拍卖系统、买卖信用分离制度等多项专利技术服务，是目前中国新兴的深受网民欢迎的C2C电子商务交易平台。

财付通

财付通是由腾讯公司推出的中国领先在线支付应用和服务平台，致力于为互联网个人和企业用户提供安全、便捷、专业的在线支付服务。财付通着力构建以个人应用、企业接入和增值服务为核心业务的综合支付平台，业务覆盖B2B、B2C和C2C等领域。财付通为个人用户提供收付款、交易查询管理、信用中介等完善的账户服务，并推出了一系列个性化账户应用；还为企业用户提供专业的支付清算平台服务和强大的增值服务。

(7) 广告业务

腾讯是国内最丰富的在线生活平台，提供从即时通讯、资讯服务、休闲游戏到电子商务的全方位服务模式。腾讯依托其丰富的产品线以及全新的广告合作模式，通过与不同产品的结合，使品牌及产品更加友好的展现在用户面前。腾讯在网络营销方面拥有传播范围广、互动性强、投放精准等特点，与国内外无数知名的企业合作，为他们提供最有效的网络营销解决方案。

“注册收费风波”

如今的国人，只要打开电脑，就会习惯性地在第一时间登陆 QQ。说来也是，QQ 实在太方便了，可以在线聊天不说，在线传送文件以及离线传送文件也真是解决了很大的问题，当然还有 QQ 邮箱，亦是便捷无比。以及其后来开发的诸如 QQ 音乐、游戏、农场等都有着对其依赖性很强的大批用户。但假如有一天，QQ 收费，你还会用吗？2001 年的时候，很多需要新注册 QQ 的用户就面对着这样的问题。

随着 2000 年纳斯达克股市的崩盘，紧接着全球互联网产业进入了“严冬”，“多米诺骨牌”效应带动 IT 产业整体下滑，市场一片低迷。此时，如何盈利，成了“马化腾们”不得不考虑的问题。

而互联网公司要想盈利，就得面对这样一个问题。由于在传统的经济现象中，边际效益一般都是递减的。而在互联网领域，边际效益将在一个漫长的区域内为零。只有熬到“临界点”，边际效益才突现戏剧性的暴增。到了 2001 年中期，腾讯的新增注册量更是达到每天 90 万人以上，使腾讯公司不堪负荷。无奈之下，腾讯开始对用户注册实施控制。

2001 年 2 月起，腾讯开始对用户注册进行限制，并逐月减少，直到用户几乎不可能注册到。但每日的新注册用户仍然高达 39 万人。那个阶段腾讯公司每个月的费用开支在 200 万元左右，其中仅增加设备的费用便占了其中的四分之三，形势相当严峻。2002 年 3 月，腾讯又推出“QQ 行靓号地带”的业务，开始出售 QQ 号码；为控制 QQ 用户飞速增长，2002 年 9 月 QQ 行号码正式登场，每月收费 2 元，免费号码和一次性号码申请被逐步停止。“全员”收费以“增员”收费的最终面貌出现；11 月，QQ 发出法律警告函，封杀憨卖电子网站从事买卖 QQ

号码的行为；2002 年底，免费号码和一次申请（付费）长期使用号码基本停止发放，QQ 主打每月 2 元租用费的 QQ 行号码。

网民对腾讯的做法很是伤心和恼火。有网友说，我们已经容忍了腾讯弹出式广告条和窗口闪烁的广告，现在又用这种做法来增加收入，事先也未有任何通知，实在是太不光明磊落了。

2001 年 7 月底，一篇由网友写的匿名文章《腾讯 QQ，你做得太绝了》率先向腾讯发难。该文由于深刻表达了用户的心声，被广泛转载，随即引发了腾讯和媒体的口水战。文章中写道：

“如果你在最近一个星期要注册 QQ 新号码，你将不断得到一个失望的结果——‘服务器拒绝注册请重新申请’。其实你就甭白费力气了，压根就重新申请不了，因为腾讯最近推出了 168 声讯台和手机注册。

“腾讯对此的说法是：由于服务器太忙，在早上 8 点到凌晨 2 点这一时间段内可能通过网络注册不了新用户。笔者分别在上午 9 点、下午 3 点、晚上 11 点及凌晨 3 点试验注册腾讯新号码，结果都是——‘服务器拒绝注册请重新申请’，并且这个结果是很快显示出来，绝对不像是服务器太忙，否则会有较长时间的延时才显示结果。

“笔者同时拨打了腾讯公布的 16899168 语音台，在冗长的提示后，笔者用笔记下一个 QQ 号码和初始密码，大概用时 2 分钟，也就是说，我用了 1.6 元才得到一个 QQ 号码。

“如果猜测没错的话，腾讯可能已经关闭了其网络免费注册申请新号码的服务，否则没有人会使用需要付费并且非常麻烦的电话及手机来注册 QQ 号码。以后用户要申请新的 QQ 号码，恐怕也只能通过 168 声讯台和手机进行注册，通过互联网免费的在线注册恐怕得到的结果永远是服务器拒绝注册。目前，拨打 168 声讯台的费用是 0.8 元/分钟，通过手机发短信息注册的收费在目前优惠期内是 0.5 元/分钟，在优惠期以外是 1 元/分钟。

……

“可以想象出，在用户无数次注册失败后，只能掏钱打电话或者手机注册新号码的无奈。用户现在没有其他选择，因为他们的朋友都是用 QQ，而没有别的在线即时通讯方式，所以对大多数新用户来说，还是会咬咬牙付这么一块钱来注册新号码的。假设大家还有另外一种在线即时通讯方式，就像人们平均拥有 2.6 个邮箱一样，腾讯的收费注册是绝对吸引不到新用户的。”

网民对 QQ 收费不支持，媒体对此也是口诛笔伐。2001 年 8 月 20 日的《精品购物指南》发表了一篇名为《要学邮箱注册收费，腾讯上演东施效颦》的文章，引发了腾讯和该媒体的口水战。8 月 22 日，腾讯就《腾讯上演东施效颦》一文作出质疑，并发表声明。

腾讯的反驳还是有理有据的，腾讯限制注册是因为有的网友一个人注册多个 QQ 号，确实占用了太多的资源，是对有限资源的巨大浪费。并且腾讯也很克制，提出双方不要抱有成见，求得一个合作双赢的局面。腾讯的声明发表后，媒体方面也保持了克制，认识到有些地方确实是误解腾讯的初衷了。

然而，无论来自媒体或者用户的声音如何激烈，QQ 的收费计划始终都在进行。作为一个企业，腾讯似乎有权进行任何单方面的改革，而用户的权利只限于“承认”或“退出”的选择。2002 年 5 月网上开始风传 QQ 即将全员收费，7 月马化腾接受电话采访时表示，对新注册用户收费。马化腾表示：

当然同时也会保证一部分的免费和一次性的号源。一些比较好的靓号，需要花 10 元/月的会员才能有机会选择。

以上对老用户都没有任何影响，相反会不断投资提供新功能如 VideoQQ、RichMsg、Emoticon 甚至 TCP 穿透防火墙，和 BQQ 互联等功能给所有免费的已有用户群，总之我们绝对保障目前 QQ 用户的权益，不会强制收费。收费只是对新用户，多一些选择而已，当然免费号码和一次性号码会逐步紧俏，所以要申请的就尽快了。比如现在 5 位在靓号地带里很快就放完了，现在已限量放，6 位的过一段时间也差不多了，也会限量了。

收费的计划还早，QQ 行普通的 2 元号码到 9 月才开始，免费 3 个月，年底才需要继费。当然传统免费申请（避免同一 IP 反复申请的）和一次 1 元申请的号码（通过手机和 168 和 QQ 卡）肯定还会有，但会限量发放。这些服务对老用户完全没有影响，老用户只会享受更好的功能而绝对不会被强迫收费的。其实正因为有了收费服务（其实一直都存在），我们才有资金对现有的 QQ 用户提供更好的免费服务。

马化腾称其实 QQ 一直在采取收费的发展策略，比如前面的手机注册，包括当天的用户限量注册等。针对新的注册用户，腾讯会增加一些相应服务，比如更好的密码保护服务等。马化腾还表示，在推出收费用户注册的同时，QQ 还会继续保留“免费用户”的注册申请，并且该项注册可能更多的针对“海外的用户”。而在此之前，腾讯 QQ 的新用户注册采取了当天限量方式，除此外，用户只有选择另外的两种付费注册形式（手机注册和电话注册）。

2002 年底，免费号码和一次申请（付费）长期使用号码基本停止发放，QQ 主打每月 2 元租用费的 QQ 行号码。

. 有国内某 IT 网站关于 QQ 收费做了一个调查，调查结果显示大概有 81% 的用户考虑（如果 QQ 收费将）转向其他的即时通讯工具，由此不难肯定，如果 QQ 采取全员收费的话，将会极大的造成用户的流失。

在腾讯收费的期间，朗玛 UC 取得了在线 22 万人的成绩。与以前那些只有几千人在线的对手相比，这个新对手，更强大，更有生命力，发展速度更快，更有威胁。马化腾已嗅到危险的气息，并很快改变了策略。

下一步 QQ 要强化休闲娱乐功能，同时坚持免费放号。

2003 年 6 月，腾讯公司借助为了庆祝移动 QQ 三周岁生日的时机宣布，新开通移动 QQ 的用户，可以获得免费长期使用 QQ 号码（无需支付任何包月费用）一个；再次打开长期使用号码发放之门。2003 年 8 月 QQ 重新开放免费注册，但规定连续 7 天不登陆收回。一周后更改为一月不登陆收回号码。之后又改为三个月不登陆回收。之后又改成只针对恶意注册或者长期不登陆的 QQ 号码。这是因为马化腾意识到靠注册收费获得的微薄收入远远小于由于收费导致的市场份额丢失。可以说腾讯的这场收费活动开始的“轰轰烈烈”，结束的悄无声息。

通过这次风波，使马化腾进一步强化了自己的商业模式，2010 年 5 月，马化腾表示：

腾讯的商业模式和很多企业不一样，主要思路是提供大量免费的服务，腾讯现有高达5亿活跃账户，覆盖了中国超过2.5亿的网民。通过免费的服务来开发出增值服务，是腾讯80%的收入来源。这个商业模式在全球来看也是独一无二的。

这个模式被中国社会科学院信息化研究中心秘书长姜奇平总结为“马化腾法则”。这一法则的秘密在于，它把服务区分为两层——基础业务和增值业务，要求基础业务开放，而增值业务多样化。巨人网络是这样，盛大是这样，阿里巴巴也是这样。基础业务的开放，要求平台免费。从2002年的Q币收费风波可以看出，马化腾并不是一开始就有区分两层业务的意识，也不是一开始就有明确的基础业务开放的意识。他是在试错中发现这条规律的。通过这次收费风波，马化腾意识到，QQ不是“摇钱树”，充其量只不过是种植“摇钱树”的土壤。

坚持以用户价值为中心

虽然大家都在讲，互联网代表着注意力经济。但我个人认为，那是早期互联网的具体模式带给人们的印象。互联网早期最具代表性的门户更多的是靠吸引人们的注意力来获得用户数量，但在之后的进程中，互联网的模式已经渐渐发生了变化。而我们从一开始进入互联网的时候，就很注重从用户需求方面考虑。那个时候，门户有了，邮箱有了，但在网络上实现即时互通的用户还是少数。正是分析到了用户的需求，我们才着力在即时通信领域的探索，并通过持续的创新和探索来不断满足用户需求。

我们很早就开始认识到用户价值的重要性。腾讯的核心发展策略一直紧密围绕用户价值。“一切以用户价值为依归，发展安全健康活跃平台”，是我们获得持续、健康发展的金科玉律，也是腾讯价值的基础，脱离了用户价值，腾讯的所有一切都将不复存在。只有不断增加用户价值，注重平台健康发展，不断提升活跃、忠诚用户的体验和满意度，公司才可能长远发展。因此，任何可能危害腾讯用户价值的行为，即使能带来很大的短期盈利也绝不会做。

重视“用户价值”是腾讯的核心发展战略。在互联网领域，一般的业务模式很容易就会被复制，进而让竞争加剧。而保持领先竞争力的关键，就是企业的经营要一直坚持以用户价值为中心。

“庞大的用户数是我们的宝贵资源，”马化腾说，“而坚持以‘用户价值’为中心一直是我们的核心发展战略。腾讯会坚持一贯路线，深入挖掘用户在娱乐和应用方面的需求，不断加强本土化应用和突出优势。”

腾讯研发每项产品或产品的某种改进都有着非常明确的用户需求，即一切都围绕着用户体验。QQ 群的诞生就来自于为用户提供更新的体验的想法。在它诞生之前，腾讯的很多员工都很喜欢在工作之余玩局域网对战游戏。一段时间后，员工们觉得最好能有一个地方发帖子，进行战绩讨论，而使用 QQ 聊天室似乎有些不太划算。他们也因此想到，很多腾讯的用户也一定有这样的需求，于是 QQ 群的想法便浮出了水面。

2003 年年初，腾讯推出的 QQ 邮箱仅能供用户之间的内部通信使用，并不能与外界邮箱互联互通。但针对其他网站 Web 收发邮件的不便利之处，腾讯在推出 QQ 邮箱的同时，已经利用 QQ 客户端快速轻灵的优势，在 QQ 内置了独具特色的 QQMail 邮件客户端。用户只要登录 QQ，点击“邮箱”选项，QQ 邮箱客户端就能快速地执行各类邮件操作。

在市场上多年摸爬滚打的马化腾清楚地知道“用户至上，用户的需求就是市场”的道理。他说：“用户链是我们最有价值的东西。我们固守对用户负责的原则，以不影响现有用户的使用为前提，每一次调整都应该为用户提供更多的选择机会……QQ 的广大用户是腾讯价值的基础，脱离了用户价值，腾讯所有的一切都将不复存在。只有不断增加用户社区价值，注重平台健康发展，增加活跃、忠诚用户，我们才可以有长远的发展。腾讯始终坚持‘一切以用户价值为依归，发展安全健康活跃平台’的战略，将不断强调创新理念，在营运和服务上丰富和提高用户体验。”

“首先把用户服务好”是马化腾坚持的一项原则，也是腾讯始终如一恪守的信条。马化腾知道，只有在用户体验性产品上具有优势，腾讯的发展才能如日中天。

虚拟商品增值服务

据国外媒体报道，依靠出售虚拟商品就获能得10亿美元收入的完美商业模式似乎是书本上的传说，但马化腾在中国做到了。

腾讯目前的重要赢利模式“QQ秀”，原本是网易丁磊最先在国内采用，却因为缺乏像腾讯那样的用户基础而搁置，马化腾也戏称好友丁磊是“井打到一半，没出水就跑了”。

2002年的一天，腾讯产品经理许良在韩国考察时发现一个名叫Avatar的游戏在当地的一个网站很受欢迎。许良看到的这个韩国网站叫赛我网。在这个游戏中，用户可以根据自己的喜好，更换虚拟角色的造型，如发型、服饰、表情、场景等，而这些造型都需要付费购买。许良立刻想到，可以将虚拟形象引入QQ，让QQ用户通过虚拟形象传递信息。这种服务被称为Avatar，Avatar一词源自印度梵语，本意是指“分身、化身”，在网络上Avatar成为虚拟形象的代名词。Avatar这个词语也是大热的电影《阿凡达》的名字。可以说，你现在用的QQ秀就是你的阿凡达。

用户可以根据自己的喜好，更换虚拟角色的造型，如发型、服饰、表情、场景等。而这些发型、服饰和礼品，一般是需要付费获得虚拟货币后购买的。

QQ秀这样的服务让很多的用户觉得是一种情感的寄托，很多时候它是代表了自己希望在别人眼中的形象。这已经不简简单单是卖一件虚拟衣服，其实我们更多的是在卖情感的寄托。

当初QQ秀项目在腾讯内部的审批过关时，全体高层曾对一个长达80多页、逻辑缜密的PPT进行了详细讨论。

马化腾不会盲目跟风，更不会无端创新。他选择的是学习最佳案例，然后再超越他们。

为了活下去，腾讯向外寻求借鉴时，从未拘泥于热门概念频出的美国市场，而是对各种可能性都进行了尝试。结果是，韩国成为了其长期稳定的学习对象。对此，马化腾的解释是：

在美国的环境中，任何互联网上的应用都是按广告模式收费的，在中国没有几年甚至十几年做不到。韩国不一样，韩国的增值服务非常发达。你必须要实事求是学习人家。

腾讯在很多方面，好像都很敏感，一有什么新东西就赶紧跟进、先去尝试。其实也是基于这样的心态，我们不知道什么东西会好起来，你在探讨它的前景之后，你必须自己有一定的基础，尝试做过才行。如果好，你要及时决策。

2003 年 1 月，QQ 秀对用户开放。马化腾进一步的想法是按照服装行业的规则来经营 QQ 秀。传统的服装行业里品牌是一个很重要的因素，你穿什么品牌的衣服就代表你这个人的品位。QQ 秀现在更多的是靠款式来体现购买者的品位。目前在 QQ 秀商城里已经可以买到耐克等十几个品牌的虚拟服装。

这是因为，在 QQ 秀开放之后的一段时间，马化腾还找来了诺基亚和耐克等国际知名公司，把这些公司最新款产品、服饰的形象放到网上，让用户下载试用、试穿。所有注册用户都可以得到一如既往的免费服务，因为有大量的用户基础，腾讯无须花一分钱就得到了这些公司的产品设计，而用户也乐于让自己站在时尚前列。因此，当马化腾向这些大企业伸手要广告费的时候，他们也乐意给。于是，大把的“银子”就这么源源不断地流入了马化腾的腰包。另外，马化腾的 QQ 秀还与娱乐影视业相结合，共同开发 QQ 秀形象。2005 年，腾讯携手电影《无极》推出《无极》人物造型系列 QQ show。马化腾在发布会上说道：

腾讯始终认为，中国人在线生活的实现，满足用户的娱乐需求是极为重要的一个方面。而电影正是这种娱乐极为重要的体现。在此次和电影《无极》合作之前，腾讯为丰富 QQ 会员线下文化娱乐生活而推出的“QQ 会员每季有好戏”系列活动已经和多部国际级电影巨作有过合作。而此次和《无极》的合作，不仅能够让用户积极的参与到我们的线上活动中，得到包括积分、礼物等许多意外的惊喜，同时还极大地丰富了广大用户特别是QQ会员的线下文化娱乐生活，无疑能彰显QQ会员的至尊身份，极大的促进用户的积极性，让他们在体验互联网科技带来的现实精神享受的同时，也能得到时尚电影带来的更加愉悦身心的快乐！

如今，借鉴自韩国的QQ秀已大行其道，这种带有游戏性质的虚拟装备，给QQ用户选择虚拟着装的权利，当然用户也可以忍受不着装的尴尬，在对用户虚荣心的恰当挑动之下，QQ秀消费成为潮流。马化腾自己也在玩QQ秀，他的QQ秀是一位长发的年轻人，身着喇叭牛仔裤，戴一副墨镜。

用人民币来购买Q币，再用Q币从网上买来各种虚拟的物品来装饰自己的虚拟空间，而且6个月后这些物品就会自动作废，依然有大量用户疯狂购买，这种行为真的有些不可思议。

马化腾说，（QQ秀）这一块业务的增长目前很快，已有超过40%的用户，尝试了购买。马化腾盘算，如果每个用户愿意花1~2元的话，仅QQ秀收入就不敢想象。马化腾那独到眼光又一次为腾讯挣到了钱，2004年前三季度，腾讯赢利达到3.28亿元。

事实上，在2003年之前，腾讯已经取得比较大的成功，但在商业模式上还处于探索阶段，主要业务都是围绕无线增值展开的。QQ秀等虚拟产品和服务的诞生，为腾讯打开了另一道门。使得腾讯摆脱移动运营商渠道的“控制”。

QQ秀虽然起源于韩国，但没有哪家公司像腾讯这样认真地将之发扬光大，在产品的再度开发和经营中充满了对用户心理的分析、掌握和利用，超越了简单的复制。

将产品的核心能力发挥到极致

中国市值最大的互联网公司腾讯控股有限公司股价高开高走，大涨6.35%收报244.6港元，逼近历史最高价248.8港元。

2012年8月15日收市后，腾讯公布了截至6月30日的第二季财报，当季度净利润增长32%，超出市场预期。巴克莱、摩根士丹利、瑞信及花旗纷纷看好腾讯未来业绩，并调升目标价，其中花旗最为乐观，预计腾讯目标价至325港元。

作为中国最大的在线社区，腾讯旗下的QQ即时通讯平台拥有7.52亿用户，腾讯也成功地把这个平台变成了摇钱树。公司涉足网络游戏、即时通讯等各种网络业务，今年迄今股价已累计飙升57%，现在市值已超过Facebook。

广告收入增长近80%

腾讯第二季度的业绩报告显示，其盈利方式多样化计划正在迎来一个不错的开始。

美国的互联网巨头中还没有与腾讯控股非常相似的对手。这家总部设在深圳的公司业务庞杂，其提供的服务有点类似雅虎公司、谷歌、Facebook和Twitter以及社交游戏开发商Zynga等几家美国公司。结论是：腾讯控股是一家真正意义上的网络综合公司，美国和欧洲不存在类似的公司。

腾讯控股始建于1998年，当时正值即时通讯业务鼎盛时期。腾讯控股凭借自身的即时通讯平台在互联网领域首次占据了一席之地。自此以后，腾讯控股利用其在聊天工具方面的实力提高了其视频游戏、社交媒体网站等新产品的访问量。

腾讯控股总裁刘炽平表示，用户流量的不断增长以及新的广告技术推动该公司广告收入较上年同期增长近80%。

刘炽平在电话会议中表示，公司始终认为自身通过广告业务将用户流量转化为现金流的能力不足，因此在一定程度上，公司正努力让这种能力与用户流量相匹配。但他同时指出，视频和新闻门户流量的不断增长带来了新广告主，效果广告（帮助广告主瞄准特定类型消费者，并仅对每次点击进行收费）也吸引客户增加支出。

腾讯游戏业务也表现强劲。腾讯目前推出的游戏属于最热门的游戏类别，包括大型在线角色扮演游戏、第一人称射击类游戏以及休闲类游戏等。尽管一些分析师担心，游戏玩家正逐步远离网上注册的角色扮演和第一人称射击游戏，并转向网络休闲游戏。但该公司网络游戏收入较上年同期增长53%。刘炽平表示，公司多元化的游戏组合使其在游戏产业内拥有网络休闲游戏等多种增长点。

腾讯游戏业务不断向国际延伸的触角也使其获益。受学生期末考试影响，中国第二季度游戏业务整体放缓。但巴克莱分析师 Alicia Yap 在研报中写道，由 Riot Games Inc. 开发的一款多人游戏英雄联盟在韩国广受欢迎，这抵消了腾讯控股中国游戏业务季节性下滑的影响。腾讯控股于2011收购了 Riot Games。

加入电商混战

但是腾讯面临着一个问题：作为其营业收入的主要来源，在线游戏业务的增长不可能永远保持下去。根据互联网研究公司 iResearch 的数据，2008 年中国在线游戏方面的全部支出同比增长了67%。但2011 年的增幅则下降到了17.5%，预计2013 年还将进一步下降至8.3%。

要克服在线游戏业务增长放缓的不利影响，腾讯的胜算比其大多数竞争对手要大。庞大的用户群、多样化的游戏产品，以及在社交游戏领域日益增长的实力都是腾讯的重要竞争优势。

由于来自游戏业务的收入稳定，腾讯现在已经可以对那些它认为拥有长期发展潜力的领域进行投资，而且不会过度担心短期利润。

腾讯一直在努力进军电子商务市场，试图与阿里巴巴集团、京东商城等电子商务市场知名企业开展竞争。今年5月份，腾讯控股成立了一家全资子公司，专门经营其新开拓的电子商务业务。

腾讯控股称，计划在未来数年投入10亿美元来拓展该业务。尽管分析师就腾讯进军资本密集的电商领域可能对公司利润率造成的短期影响感到担忧，但腾讯已开始整合其电子商务平台以及租赁存放电子产品的仓库。

目前腾讯控股的平台允许第三方卖家向消费者销售产品，这一点与美国的eBay非常相似。但如同亚马逊公司那样，腾讯控股也利用自身库存和销售基础设施将商品直接销售给客户。

腾讯控股表示，对该公司而言，将这两种业务整合为一体具有重要意义。此举将使其与阿里巴巴集团和京东商城同台竞争。

尽管如此，刘炽平警告称这将是一个漫长的过程。

电商如今已经陷入自我毁灭的竞争当中。8月15日，京东商城宣布和竞争对手大打价格战。

不过，腾讯电子商务业务的利润仍然呈现快速增长之势。在线广告带来的收入达到人民币8.797亿元，同比增长72%。

另外，微信也是帮助腾讯培育新市场的一个小项目，这是一款综合语音、文本、图片分享以及帮助用户在所在位置附近结识新朋友的移动聊天工具。微信于2011年1月推出，截至2012年第一季度，其注册用户已超过一亿。微信的用户基础涵盖多数拥有智能手机的中产阶层，这对广告商而言是极具吸引力的目标群体。但腾讯表示，仍在改善用户体验，目前尚无利用该服务取得盈利的计划。不同于其他许多社交媒体竞争对手，腾讯有等待的资本。

现阶段的腾讯，不但在收入规模上开始向传统的门户网站“逼宫”，同时其在收入的多样化上也显示出了一些另类的特质。与网易依靠网络游戏，新浪、搜狐依靠网络广告和无线增值不同，腾讯的收入已经开始呈现“遍地开花”的形态，收入来源几乎覆盖了各种业务模式。

从以Q会员、虚拟物品到网络游戏，这些核心的互联网增值服务为腾讯带来的收入比例不断地增加，这与新浪、搜狐等在网络游戏市场上的遭遇完全不同。

马化腾说："腾讯的一切业务布局都是围绕腾讯已经形成的网络社区开展的，希望给用户提供的是一站式和全价值链的互联网服务解决方案。"可以想象，腾讯为用户所提供的一站式，实际上就是它盈利模式的"一站式"。

马化腾的英明就在于此。当 QQ 的用户激增，当腾讯因为 QQ 开始扭亏为盈后，他并未因此而沾沾自喜，而是继续在 QQ 的附加产品上深挖细作，他要把 QQ 具有的潜能全部挖掘出来。这就是 QQ 的增值服务以及配套的产品和服务出现的根本原因——马化腾相信 QQ 的无限潜力必然会为腾讯的辉煌奠定厚实的基础。

无论是创业者还是企业的领导者，都要时刻把提升产品的内涵和价值作为一项重要的、需要长期坚持下去的工作来看待。在商界，有一个现象，很多产品或服务刚刚出台时备受消费者的欢迎和喜爱，可在短暂的市场考验后，它们很快淡出了人们的视线。归根结底，一个重要的原因就是企业经营者没有将一种产品或一项服务的"多样化盈利潜质"充分挖掘出来。凡想拥有持续盈利能力和强大竞争力的产品或服务的企业掌舵人，都应该从马化腾的经营理念中得到启示。

第四课

企业文化决定管理水平
——马化腾谈企业管理

企业领导人在重视和尊重人才的基础上，要善于用人，把每个人都放在自己合适的位子上，只有这样才能让他们发挥最大的才能。其次，领导人也要不断提高自己的领导能力和个人领导魅力，只有这样，才能以个人魅力来不断吸引人才。

——马化腾

重视管理者的领导力

一个成功的领导者，领导能力、管理能力以及高度的责任心都是不可或缺的基本素质。从领导的定义来看，领导是一种行为和活动过程，可以简单地用“带领和引导”来概括。领导是一种过程、一种相互影响的关系、一个领导者与追随者的博弈、一个与众不同的角色、一个追随者所处环境中的重要因素、一种相互交流的关系。因此，领导活动的成效如何就要取决于领导活动的主体、客体以及所处的环境。

腾讯对各级管理者的要求都很高，因为员工的工作感觉在很大程度上都依赖于管理者的管理技巧和风格上。每一个管理者都应该具备能够领导团队、激励团队的能力，使其下属员工的心理和技能都调整到最佳状态。在这个大家庭里，对员工工作生活中的问题和疑问，管理者都有责任去做有效的沟通、交流并协助解决。对管理者的考核除了要看其业绩之外，更重要的是他领导团队的技巧和能力。

作为一个领导者，处理来自人、财、力等各方面的问题都是必不可少的。领导者一定要运用自己独特的领导艺术去处理那些随机的问题。只有这样，才可能成为一个成功的领导者。

在现代市场经济的今天，每个企业都追求利益最大化，决定利益最大化的核心之一是领导力。在很多情况下企业过度追求管理方法的改进和完善，却很少重视领导力的问题。举个实践中常见的例子，两个人的管理知识不相上下，甲越干越有劲，工作效率很高，红红火火；乙在管理中导致员工士气低落、积极性不高。其原因就是管理者的能力不同，而这种管理能力就是领导力。

鉴于企业管理者领导力在现代企业管理中对企业实现利益最大化的重要作用

与意义，本文对此进行研究，把影响管理者领导力的 5 个方面的因素加以总结和提炼。

影响领导力的第一因素是优秀的个人品德。古人常说“以德服人”，是指治理国家的过程中，统治阶级要靠良好的德行使百姓归顺。在现代企业管理中，被管理者与管理者具有平等的法律地位，双方之间的关系是平等，双向选择，但由于分工的差异，必然存在管理与被管理，因此管理者必须具有优秀的品德，通过品德对被管理者产生影响，使管理者从思想和行动上积极主动，努力向上。

影响领导力的第二因素是先进的公利思想。“公利心”与“私利心”是一对相反的概念，人们都了解“私利心”的含义，而且很多人都受此影响。但作为一个管理者，只有具有先进的公利思想，能以“公利心”作为衡量管理行为的标准，才能考虑和平衡各方利益，才能得到更多的拥护和支持，从而大大增强领导力。

影响领导力的第三因素是卓越的说服力。企业管理者往往要总揽大局，考虑长远利益，并与企业内部外部多方进行交流，他们所做的各种决策与决定往往不会使所有人理解和接受，这就需要具备卓越的说服力，如何通过最适当的方式进行沟通和协调，使事情顺利进行，这也是决定领导力的重要因素。

影响领导力的第四因素是领导行为与艺术。领导仅靠绝对的权威也许可以把事情做成，但未必能够把事情做好。由于领导的对象是具有思想、感情和不同心理的人，所以领导力并不是绝对命令，而是一种人性化的艺术，即如何通过恰当而巧妙的艺术手法使冰冷的命令变得更加温和，达到更好的效果。

影响领导力的第五因素是明辨是非的能力。管理者不必“事必躬亲”，但这并不说明管理者可以对企业外面的环境一无所知，对企业内部的事情满不在乎。事实上，管理者要增强领导力，他必须时时关注与企业性命攸关的外部环境，必须了解企业内部的运行状况，只有这样才能明辨是非，才不会做出错误的判断。

人性化的工作环境、包容的企业文化

面对企业之间越来越激烈的竞争，如何提高企业各个方面的执行力成为企业之间竞争求胜和业绩增长的重要因素。很多企业都面对着同样的困惑：在采用了减时、加薪、高福利等的手段后，并没有达到预期的效果。

在众多行业中，互联网行业的变化之频繁、竞争之激烈，是很多人都有目共睹的。腾讯的员工也不例外，他们也会面对很大的压力和挑战。所以，腾讯始终将让员工“工作并快乐着”作为追求的目标。

在工作越来越繁重、生活节奏越来越快的今天，压力是不可避免的。这就需要管理者们先自己学着从压力中解脱出来，调整好心态，以寻找最好的方式去开展工作。其实员工的心情随时都会受到管理者的影响，只要管理者以平和、友善、积极的态度处之，整体的管理才会变得更加人性化，大家工作起来才能更愉快。

在工作环境方面，腾讯是中国唯一一家可以与 Google 相媲美的互联网企业，它倡导员工“做自己感兴趣的事”，并鼓励员工在这些方面自由创新，这样的工作环境在国内互联网企业中并不多见。

创造一个良好的工作环境对人本管理来说很重要。柔性管理已经日益成为品牌管理的主流和新特色，它不仅是人本管理的一种实践形式，也是创造人性工作环境的基本途经。

作为一家互联网公司，腾讯有很多个性十足的年轻人。而当个性与企业文化发生冲突的时候，腾讯的解决之道又是多面的。

腾讯的企业文化具有包容性，对于一些属于个人范畴的东西，比如说，从事游戏创意的部门，有些人的思想超前，很有个性，公司并没有对其进行约束，而是给他们展示才华和发展空间的机会。

对于员工在某些个性方面无伤大雅的事情，腾讯都会给予其一定的包容。但是对于那些过于个性和自私的行为，公司还是要根据规定站在员工的立场上去加以引导和教育的。当然，解决方法不能靠强制去执行，否则更容易激起年轻人的叛逆心理。文化委员会便提出了一个让员工自己参与对问题的思考并提出其解决办法的方案。腾讯发现，年轻人都是知道善恶丑美的，只要采取的方式得当，他们还是很容易去接受并改正的。

但对一些大是大非的问题，处理起来还是会果断与坚决一些。任何员工，一旦触犯公司的“高压线”，就会给予坚决处理。腾讯价值观的第一条是正直，任何不正直的行为都是坚决反对的，比如贪污受贿、弄虚作假等，这就是所谓的“高压线”。在这个方面，腾讯的立场是很鲜明的。腾讯的价值观是刚性且不容侵犯的。维护了价值观，就是保护了所有的员工。

如果缺少包容的企业文化，即使在主要管理层都认同的情况下，操作层面的偏差依然会存在。因此，面对刚刚形成的竞争局面，互联互通上的摩擦还是会永无止境。

重视别人的意见

决策者需要了解不同的信息，需要对企业经营中的不同情况进行有效判断，但是任何决策者都不可能掌握全部的信息和资源，所以决策者必须重视别人的意见。尽管某些意见不能被采纳，但至少可以作为决策的参考。即使是那些反对的意见，也可以提醒决策者需要规避决策中的风险。

卓有成效的决策者总是很重视不同的意见。这样做，一方面可以防止决策变成“片面的深刻”，即决策者尽管看到了市场发展的方向，但未必能实现决策目标；另一方面，重视不同的意见，可以使决策者处于一种主动的地位，一旦某些决策被证明有缺陷，决策者不至于盲目应对。也就是说，重要的不是决策者怎么做，而是引导别人怎么做。

决策者重视别人的意见，还必须使自己在决策中处于主动地位，这就要求领导者必须引导员工参与到决策中来。同样的问题有没有员工参与会使决策执行的效果截然不同。

索罗门是一家公司的部门主管。最近部门业绩下滑，他和下属的沟通也出现了问题。索罗门决定赋予办公室一个新面貌，改变部门的气氛。虽然索罗门对办公室的新摆设的构思感到兴奋，但他决定先保守秘密，以便给大家一个惊喜。

周末，索罗门花了很长时间改变了办公室的陈设，每张桌子和椅子都移动了位置，每个文件柜和盆景都挪了一遍。他对自己的表现十分满意，以为只需要等到星期一聆听下属们的赞美就可以了。

周一早晨，索罗门刻意提早到办公室看看大家的反应。但他很失望：第一个到办公室的人一言不发，陆续到达的其他人也概莫能外。索罗门非但没有得到一句赞美之辞，反而备受埋怨。他费了九牛二虎之力企图说服下属，新的办公环境会使大家更有活力，但他的努力毫无意义。下属们抱怨了一周，办公室并没有焕发活力。

到了周五，索罗门召集下属开会，承诺在周一早上一切都会恢复原样。

于是索罗门又花了一个周末的时间物归原位，大家似乎对这种结局都感到满意。但索罗门始终耿耿于怀，他觉得必须要做一些改变，于是他向下属们不厌其烦地解释。

中午，几名下属走进索罗门的办公室说："我们已经讨论过了，您说得有道理。改变工作环境可能会给我们带来新鲜的气息，并提升大家的积极性和工作效率。"索罗门建议让所有的员工共同设计办公室的陈设方式。当天下午，下属们就把新的办公室配置图画好了。

在接下来的一周中，大家忙着安排办公室的空间。周五的时候，大家达成共识，每个人似乎都很兴奋。周末的时候下属们都过来了，大家帮忙搬东西，一起调整办公室的陈设，忙得不亦乐乎。

周一，布置得焕然一新的办公室受到大家的肯定。办公室的新面貌似乎真的为该部门注入了一股新气息，每个人都显得精神抖擞、士气高昂。

除了一两个桌子之外，下属们决定的配置图和索罗门在几个礼拜前自己决定的差不多。但两者受到的待遇如此大相径庭，实在耐人寻味。

索罗门为了提高部门业绩，只想做一点小小的变动，然而前后两次的结果却迥然不同。原因很简单，他的决策方式前后有别。当他一厢情愿地试图改变时，吃了闭门羹，因为下属在决策过程中是被动的；当他让下属参与决策时，却意外地达到了目的。这就说明，决策者的任何决策都需要一种决策艺术。决策者必须要重视别人的意见，必须善于把自己的决策通过员工参与的方式体现出来，因为所有的人都愿意当主人，而不想做奴仆。通过这样的方式，决策者处于决策的主动地位，并能积极地引导员工参与决策，以提高绩效。

决策者明白了决策不是一个人的事，还必须明确为什么决策不是一个人的事。古人云："兼听则明，偏听则暗。"决策者要主动听取下属的意见，这样才能全面、客观地了解事物，作出正确的决策。从管理角度来说，决策者全面听取各方意见，尤其是听取下属的反面意见，可以团结有不同意见的下属，也能赢得下属的尊重和信任，提高组织的凝聚力。对于有能力的下属而言，领导乐于听取不同意见会提高他们的工作绩效。因为他们有自己的纳谏之门，就会更积极、更大胆地献计献策，会更勇敢地纠正领导的过错，更自觉地提出改进工作的建议。

反之，如果领导一听到反面意见就心存不悦，甚至对献策者假以辞色乃至打击报复，不接受部下的建议或批评，势必会失去下属的信赖和拥戴。

秦始皇执掌大权后，除掉了原来垄断朝政的吕不韦，并将吕氏门下的3000多名门客全部驱逐出境。紧接着，他又下了一道命令：凡是从别的国家来秦国的人都不准居住在咸阳，在秦国做官任职的别国人，一律就地免职，3天之内离境。他这样做，主要有以下几方面的原因：一是担心从别国来秦的人太多、太复杂，会对秦国有所损害；二是认为自己英明无双，有能力治理好秦国，不需要其他国家所谓的人才；三是某些大臣为了排挤别国来做官的人，进谏秦始皇，劝其驱逐别国人，以争权夺利。

驱逐人才是历代君主的大忌，秦始皇草率作出如此决定，势必引起一些有见识的大臣的不满。李斯是当时朝中的客卿，来自楚国，也在被逐之列。他认为秦始皇此举实在是亡国的做法，因此上书进言，详陈利弊。他说：从前秦穆公实行开明政策，广纳天下贤才，从西边戎族请来了由余，从东边宛地请来了百里奚，让他们为秦的大业出谋划策；而当时秦国的重臣蹇叔来自宋国，丕豹和公孙枝则来自晋国。这些人都来自于异地，都为秦国的强大作出了巨大贡献，收复了20多个小国，而秦穆公并未因他们是异地人而拒之门外。

李斯又举出大量历代有作为的王广招贤才、多方纳谏的事例，并直言指出，秦始皇的逐客令实在是荒唐之极。把各方贤能的人都赶出秦国就是为自己的敌国推荐人才，帮助他们扩张实力，而自己的实力却被削弱。这样不仅统一中国无望，就连保住秦国不亡也是一件难事。这一系列的肺腑之言虽然尖锐刻薄，但都是逆耳忠言，秦始皇如醍醐灌顶，恍然大悟。他意识到自己是由于听了某些狭隘大臣的愚见，更是出于自己的骄横，作出了这样错误的决定。自己如此的不明事理，哪里还能得到其他贤能之士的辅佐呢？于是秦始皇立刻传令四方，告知众人，秦王收回了逐客令，挽留各方的人才；同时派人请回李斯，为其复职，当面谢罪，同他共同商讨统一六国的大业，并决定此后要广招各方志士，争取他们为秦国的强大作出贡献，为自己效力。

正因为秦始皇听取了李斯的建议，所以不仅留住了原有人才，而且吸引了其他国家的人才来投奔秦国。秦国的实力逐渐增强，为实现统一奠定了雄厚的物质基础。李斯见秦始皇善于纳谏，知错即改，实为明君，值得辅佐，也献计献策，为他统一天下而效力。这样，秦国君臣上下同欲，一心一意发愤图强。10 年之后，中国历史上第一个中央集权制的封建国家终于形成。

古往今来，成功的决策者都非常重视听取下属的意见。尤其在现代企业管理界，这种现象更为常见。卓有成效的决策者应该认真听取员工的建议和看法，积极采纳员工提出的合理化建议。员工参与管理会使工作计划和目标更加趋于合理，并且还会增强他们工作的积极性，提高工作效率。

1880 年，柯达公司创始人乔治·伊士曼首先研究成功一种新的感光乳剂。这一发明引起人们的重视，他的研究开始得到别人的赞助。经过 6 年时间，他终于研制出卷式感光胶卷，即伊士曼胶卷。新型感光胶卷的出现结束了用湿漉漉的、笨重易碎的玻璃片做底片的历史。又过了 2 年，他又研究出手提式小型照相机，这种照相机被命名为“柯达一号”。摄影爱好者从此结束了用马车装载照相器材的日子。

伊士曼的一系列发明，为他赢得了可观的财富。这时，他成立了伊士曼－柯达公司，专门生产照相器材。

为了改善公司的经营管理，伊士曼很重视听取员工的意见。他认为公司的许多设想和问题都可以从员工的意见中得到反馈或解答。为了收集员工的意见，他设立了建议箱，这在美国企业界是一项创举。公司里任何人，不管是白领还是蓝领，都可以把自己对公司某一环节或全面的战略性的改进意见写下来，投入建议箱。公司指定专职的经理负责处理这些建议。被采纳的建议如果可以替公司省钱，公司将提取头 2 年节省金额的 15% 作为奖金；如果可以引发一种新产品上市，奖金是第一年销售额的 3%；即使未被采纳，建议者也会收到公司的书面解释函。除此之外，这些建议还都被记入本人的考核表格，作为提升的依据之一。

柯达公司的建议箱制度从 1898 年开始实施，一直沿用到现在。第一个给公司提建议的是一个普通工人，他的建议是软片室应经常有人负责擦洗玻璃。他的这一建议得奖 20 美元。设立建议箱 100 多年来，公司共采纳员工所提的 70 多万个建议，付出奖金达 2000 万美元。这些建议减少了大量耗财、费力的文牍工作，更新了庞大的设备，并且堵塞了无数工作漏洞。例如，公司原来打算耗资 50 万美元兴建包括一座大楼在内的设施来改进装置机的安全操作系统，可是，工人贝金汉提出一项建议，不用兴建大楼，只需花 5000 美元就可以办到。这建议后来被采纳，贝金汉为此获得 50000 美元的奖金。

进入 20 世纪 80 年代以后，柯达公司的员工向公司提建议更为积极。1983、1984 两年有 1/3 以上的员工提过建议。公司由于采纳员工建议而节省了 1850 万美元的资金，为提建议的员工付出了 370 万美元的奖金。柯达公司设立建议箱所取得的成果，吸引了美国不少企业。目前，相当多的企业已仿效柯达设立建议箱来吸收员工意见、改善经营管理。

坚持你的是非标准

决策必然需要和别人沟通，必然要落实到执行中去。一项决策获得成功，需要团队合作和支持，但是这并不意味着你要盲目从众。孔子说："众恶之，必察焉；众好之，必察焉。"（《卫灵公》）意即要坚持是非标准，而不可简单、盲目地从众。任何领导者都明白一个道理：群众的眼睛未必是雪亮的。经常的情况是，群众往往看不到长远利益而缺乏必要的战略眼光，所以决策者要重视别人的意见，更要有自己的主见。

决策就是做正确的事，所以决策必须坚持是非标准。坚持是非标准就是要坚持你的价值观，也就是说决策必须坚持做正确的事情。

下面这个故事告诉了我们坚持做正确的事情的重要性。

某一年冬天，美国发生了一起严重的矿难事故。一位神父在寒风中带领家属在矿井边祈祷。美国 CBS 电视台记者看到后想立即抓拍，但其照相机电池没电了。等电池换好后，这位记者恳请牧师："你再祈祷一次吧！我会请他们再唱一遍圣歌，全美国都会听到你的声音，都会感受到上帝的伟大。"

"问题是我已经祈祷过了呀，孩子。"神父说。

记者觉得他有点迂腐，于是重复道："我是 CBS 的电视记者，今晚 CBS 联播的 200 多个电视台会把你的声音传遍全美国。全国的观众都会聆听你的祈祷，与你一起乞求上帝拯救这些受难的矿工。"

"我知道，孩子，但我已经祈祷过了。对上帝的誓言，绝不可以再来一次。"

是啊，"对上帝的誓言，绝不可以再来一次"。我们的决策可以失败，但是我们不能丧失原则，不能放弃自己的价值观，更不能没有是非标准。决策一旦失去了道德准则的检验，就会变成利益的游戏。而只在意利益的企业，永远不可能基业常青。

任何决策都必然涉及到利益诉求，而任何利益诉求背后都隐含着价值诉求。决策者必须站在企业的角度思考决策，而企业的目的是为了服务顾客，为社会提供有价值的产品。决策者任何一项决策，都必须接受企业价值观的检验。国内很多企业从创始到发展壮大不过 20 多年时间，企业文化和价值理念都在不断地完善中。作为决策者和管理者，就是要通过决策向企业内部以及社会传达企业的理念和价值观。任何一个失去原则的决策，都可能伤害企业的价值观。

下面这个故事，我们可以把它作为一个寓言。

美国曾做过一次人如何成功的调查，调查对象是 50 名公认的成功人士和 50 名在押的犯人。调查内容之一是：记忆里对自己影响最大的一件事是什么。有两个人的答案引起了调查者的重视，一名进入白宫的成功人士和一名重犯所填的竟然是同一件事：分苹果！

那名重犯写道，小时候，有一次看到妈妈端着一盘苹果走进来，他特别想要那个最大最红的苹果，但没敢说出口。结果弟弟抢先叫起来："我要最上面那个！"这时妈妈就弯下腰对弟弟说："做人应该谦虚点……"为了迎合妈妈，他说："那我要最小的那个……"妈妈马上对弟弟说："你看你哥哥多好啊！你应该向他学习！"接着，妈妈就把那个大苹果奖给了他。这时，他开始明白："原来说谎能够带来利益！"

而那名白宫官员回忆道，小时候，有一次看见妈妈端着一盘苹果走来，他们几个兄弟姐妹都伸着手嚷嚷着要上面最大最红的那个苹果。妈妈就对他们说："你们都想要最大的，可最大的只有一个。这样吧，你们看咱们家院里有一块草坪，我把它分成 3 块。你们一人一块，最后谁把草坪修剪得最快最好，我就把这个最大的苹果奖给他！”结果那次，他得了第一。从此，他就意识到：“原来勤奋就能换来利益！”

这个故事我们可以从不同的角度去理解。我们把分苹果理解为决策，那么故事中的母亲就是决策者，孩子都是决策者的下属。同样是分苹果，决策者的价值理念不同，对孩子的影响截然相反。这就告诫决策者，千万不要忽略决策过程中的价值问题：你的决策在向下属传达什么样的信息？是鼓励他们说谎还是激励他们努力争取利益呢？

所以，决策过程中必然包含是非标准，决策者用什么样的方式呈现其价值标准，就会对企业的发展形成什么样的影响。中国文化传统就很重视处理利和义的关系，“君子爱财，取之有道”，这里的“道”，就是决策中的是非标准。

李嘉诚是典型的儒商，其从商的价值理念和决策中的独特思维方式，可谓是中国文化在现代商人身上最有力的体现。

有一次，一名清洁工在扫李嘉诚的办公室时，不小心将一只非常昂贵的唐三彩打碎了，现场的秘书气得暴跳如雷，这名清洁工更是吓得体如筛糠。李嘉诚却没有大发雷霆，甚至没有对该名员工进行任何形式的处罚，而只是要求这名员工以后工作时一定要小心。事后，李嘉诚解释说：“因为我知道他不是故意的。”在李嘉诚看来，是否故意是判断一种行为性质的重要标准。

李嘉诚旗下企业的员工忠诚度很高，因为他总是付给他们全香港最高的薪酬，是为“高薪养廉”。那么，如此宽厚、如此大方的李嘉诚有没有炒过员工的鱿鱼呢？“有。”李嘉诚斩钉截铁地说，“有一次我炒掉了一名高管人员，因为他将几支公司的铅笔拿回了家。我认为他的行为与公司付给他的报酬是不相匹配的。”

在李嘉诚看来，德为先，利次之。决策者作任何决策，都首先要把德作为评价标准。因此，清洁工虽然打碎了昂贵的唐三彩，却没必要处罚他；高管虽然只拿了几支铅笔，却违背了职业道德。他作决策的焦点都不是利，而是一个人的德。

由此可见，对于决策者而言，决策过程中必须有是非标准，必须以德为先，以人为本，而不是只强调利益。国内很多企业的决策者都必须仔细反思这一问题。因为我们所见到的往往是利益高于一切，决策完全倾向利益，资本玩转一切，这都是非常危险的误区。

决策需要转化为行动

决策需要行动，决策更依赖于行动。没有行动的决策只能是一种想法，不能借助于行动的决策等于没有决策。在我们的管理生涯中，有多少决策胎死腹中，有多少决策无疾而终，有多少决策不了了之，有多少决策痛失良机？有多少决策夭折在我们的争论中，有多少决策消磨在我们的等待中，有多少决策葬送在我们的迟疑中……

有了决策就马上去执行，有了决策就马上去行动，决策必须转化为行动，因为只有行动可以证明决策的价值。

美国麦当劳创始人雷蒙·克罗克的行为准则是“一旦决定了就赶快行动”，他的创业历程充分证明了这一理念。

1954 年的一天，克罗克驾车去一个叫圣贝纳迪诺的城市。他看到许多人在一个简陋的麦当劳餐馆排队，他也停车排在后面。

人们买了满袋的汉堡包，纷纷满足地笑着回到自己的汽车里。克罗克上前看个究竟，原来该餐馆是经销汉堡包和炸薯条的快餐店，生意非常红火。

此时，克罗克已经 52 岁了，还没有自己的事业，他一直在寻找自己事业的突破口。他发现，快节奏的生活方式就要到来，这种快餐的经营方式代表着时代的发展方向，大有可为。于是他毅然决定经营快餐店，他向经营这家快餐店的麦当劳兄弟买下了汉堡包摊子和汉堡、炸薯条的专利权。

克罗克搞快餐业的决策遭到家人及朋友的一致反对，他们说：“你疯了，都 50 多岁了还去冒这个险。”

然而，克罗克一旦决定就毫不退缩。在他看来，决定大事，应该考虑周全；可一旦决定了，就要一往无前，赶快行动。行与不行，结果会说明一切，最重要的是要有行动。

克罗克马上投资筹建他的第一家麦当劳快餐店。经过几十年的发展，克罗克取得了巨大的成功，人们把他与名震一时的石油大王洛克菲勒、汽车大王福特、钢铁大王卡内基相提并论。

倘若克罗克在亲友的劝说下，放弃了他的决策，我们今日怎么可能见识到辉煌的麦当劳帝国呢？这个世界并不缺少好点子，唯独缺少行动。克罗克的创业历程告诉我们，如果你相信你的决策，那就马上去行动，等待只会丧失机遇，而犹豫则会失去勇气！

行动就要坚持，就要百折不挠，就要不畏艰险，就要勇往直前！比尔·盖茨一再要求他的下属，行动必须快速，要像圣战一样去工作！如果说决策需要理性地面对，那么实现决策的行动就需要激情去点燃！

科学家们曾做过这样一个实验：

在只有窗户打开的半密闭的房间里，将6只蜜蜂和同样数目的苍蝇装进一个玻璃瓶中，把瓶子平放在桌上，瓶底朝着窗户。

然后，他们观察蜜蜂和苍蝇会有什么样的举动。

科学家们发现，蜜蜂们会不紧不慢地在瓶底徘徊，苍蝇们却在瓶中横冲直撞，在瓶中的飞行速度也明显高于蜜蜂。不到两分钟，它们便穿过另一端的瓶颈逃逸一空。

而蜜蜂们以为，囚室的出口必然在光线最明亮的地方，所以只要飞向那里就一定会找到出口。于是，它们不紧不慢地行动着，然而等待它们的结果却是死亡。苍蝇们成功地逃离了，这并不在于它们有什么特长，也不在于它们的智商水平高低。关键在于它们敢于不断地横冲直撞，在于它们懂得快速行动以求得生存。

行动才能出结果，要想取得成功，就必须付出行动，而且还必须要在第一时间付出行动。成功不能靠等待得来，而生命也不应该仅仅只是一个计划。蜜蜂之所以得到以生命为代价的死亡结局，完全是因为它没有立即行动而一味地拖延。美国独立战争期间，驻扎在特伦顿的雇佣军总指挥拉尔总督正在打牌时收到一份情报，情报的内容是说华盛顿的军队正在穿越德勒华，要向这里进攻。但他没有看就随手把信塞到口袋里，直到牌打完了才拿出来看。结果，等他仓促地把队伍集合起来时为时已晚，最后他全军覆没。“拖延带来致命的危险后果”，仅仅几分钟的耽搁便使他丧失了尊严、自由和生命！

埃克森·美孚石油公司是全球利润最高的公司之一，非常重要的一点是它拥有一支绝不拖延的员工队伍。这再一次告诉我们：克服拖延的毛病，培养一种简捷、高效的工作风格，可以使公司的绩效迅速提升，并使每一位员工的工作乃至生命都更富有价值。

有一次，李·雷蒙德和他的一位副手到公司各部门巡视工作。到达休斯敦一个区加油站的时候，已经是下午3点了。但李·雷蒙德却看见油价告示牌上公布的还是昨天的数字，并没有按照总部指令将油价下调5美分/加仑进行公布。他十分恼火。

李·雷蒙德立即让助手找来了加油站的主管约翰逊。远远地望见这位主管，他就指着报价牌大声说道：“先生，你大概还熟睡在昨天的梦里吧！要知道，你的拖延已经给我们公司的信誉造成很大损失，因为我们收取的单价比我们公布的单价高出了5美分。我们的客户完全可以在休斯敦的很多场合贬损我们的管理水平，并使我们的公司被传为笑柄。”

意识到问题的严重性，约翰逊连忙说道：“是的，我立刻去办。”看见告示牌上的油价得到更正以后，李·雷蒙德面带微笑说：“如果我告诉你，你腰间的皮带断了，而你却不立刻去更换它或者修理它，那么，当众出丑的只有你自己。这是与我们竞争财富排行榜第一把交椅的沃尔玛商店的信条，你应该要记住。”

然后，李·雷蒙德和助手一起离开了加油站。从此之后，那位主管约翰逊做事再也没有拖拖拉拉了。

其实，没有人能阻挡我们去实现梦想，关键在于马上行动、坚持行动的毅力。

营造良好的企业文化氛围

什么是企业文化？不同的企业理解也有所不同。腾讯对企业文化有着自己的理解，他们认为，企业文化是双向的：对公司而言，要给员工营造以人为本、信任员工、把员工视为一分子的氛围；对员工而言，员工要建立起对企业的拥护感和事业心。公司和员工能够成为一体是腾讯文化最核心也是其最终的目的。这是双赢的关系。

腾讯在文化上开展了许多工作。腾讯最初的企业文化被定义为“快乐活力的大学”。虽然公司的早期文化做得比较好，但随着新员工的增多，他们对文化的理解也只是停留在字面上，并不理解其真正的涵义。2005 年，腾讯对企业文化版本进行了完善，去掉了原先的“快乐”二字，当然并不是不提倡快乐，而是让员工在工作和成就中去体会快乐。新的版本将公司的价值观修改为：正直、尽责、合作、创新。此价值观更强调员工最基本的素质，而不是强调结果。这便更加体现了腾讯的文化内涵。

对于企业文化，腾讯是非常重视的，在以前，腾讯多是将文化作为一种精神层面的东西去提倡。从 2006 年开始，公司成立了文化管理委员会，一般都是最高管理层人员参加。对公司的许多工作也都是站在文化的角度上去加以指导和推动的。委员会下设执行委员会，参加者大都是公司各个部门的普通员工。他们都共同推动着腾讯公司文化的建设。

专门成立文化管理委员会、推广企业的价值观、加快新人融入公司的步伐，这些企业文化也是腾讯的根本解决之道。经过公司的不断推广，企业文化对员工已经形成了强烈的影响。虽然腾讯一直都在快速扩大，但其最核心的精神并没有因此而被冲淡或是消失。

每个人都想追求高层次的生活，都想得到一个让自己施展才华的舞台。马斯洛的需要层次理论提到，当人的生理、安全这样低层次、物质层面的需求得到满足后，就会看重社交、尊重和自我实现这样的高层次、精神层面的需要。

腾讯有着一大批年轻活力、富有才华的知识性员工。对他们来说，工作不仅仅是一种谋生手段，更希望的是能够从中获得一定的成就感，从而实现自我价值。当然，在生活和工作中的各种烦恼是每个人都无法避免的，个人需求和个人工作乐趣的追求都不能去脱离组织的约束。但是在腾讯，他们对快乐工作方式的探讨从来就没有停止放弃过。腾讯相信，员工“工作并快乐着”的工作原则更能激发员工的创造力。

腾讯还成立了一个跨功能的团队——“文化委员会”，是由马化腾亲自督阵的，委员会里也有很多80后，其主要任务就是让文化实现规章制度之外的教育。“电梯礼仪”就是其杰作之一。

腾讯不断地引导着每个员工建立起共同的夙愿和使命。腾讯的品牌和巨大的互联网用户影响力，让每个员工感受到了自身工作的价值和成就感，腾讯共同的价值观也使员工之间产生强大的凝聚力，腾讯的经营理念和管理理念更是让员工得到了尊重和重视。

企业文化虽然不能直接产生经济效益，但它却是企业是否能够繁荣、昌盛并持续发展的一个关键因素。关于发展，三流企业靠生产、二流企业靠营销、一流企业靠文化，这句话是非常有道理的。

低调做人，高调做事

任何一个人，他的内心都有着一股张扬的力量。但是要分在什么情况下张扬。做人的时候，应该低调一些；做事情的时候，应该高调一些。

马化腾是一个内敛、谦和之人，很少会在公开的场合发表自己的观点。他就像含羞草一般，外界轻微的触动都会让他把身体蜷缩起来。当人们在电视上看到他的时候，大多不会把他与腾讯帝国的掌门人联系在一起，因为无论是外形气质还是谈吐，都并非人们想象中一个上市公司的掌门人应有的形象。据了解他的同事说："马化腾这个人十分低调，他不喜欢面对记者和闪光灯，平常没事总是宅在家里上网。不像马云等人，喜欢到电视上指点江山，激扬文字。甚至在面对摄像机时也总是显得那样的拘束，那样的不善于表现。"曾有人劝说马化腾，何不用个人的影响力为腾讯宣传造势？马化腾对此的答复言简意赅——没有这个需要。

与其他很多互联网大佬相比，马化腾是一个另类。他基本上不会主动做杂志的封面人物，更别提上娱乐节目或者做采访嘉宾了。关于他的个人采访少之又少，而他的许多故事也是通过"据说"和"传言"而来，很少能够得到确认。腾讯在产品创新层面有着诸多建树，只是由于不外扬，加上总是被扣上"抄袭大王"的帽子，所以那些成就都被掩盖了。无论在生活上还是个人宣传上，马化腾始终保持着一贯的低调，因为他觉得自己"不可能有资格说大话"。他只把自己的工作分为两个部分：内部看"人的问题"，外部看"未来做什么"。当创业的艰苦岁月已经变得遥远后，他"养成了一个毛病，就是晚上如果不再上一下网、再看一看人数、服务稍微再检查一下，就老觉得漏了什么东西”。

谈起自己的个性，马化腾这样评价自己：不活跃也不外向，一切随缘，“我的朋友，或是同学或是网友，遇到了，交往多了，也就固定下来，我不擅长主动结交”。

正是这样的低调和内敛，虽然让腾讯不能成为一个潮流的引领者，但却从很多侧面为腾讯免去了诸多“无妄之灾”。马化腾知道“言多必失”“是非皆由言起”的道理，所以他以低调的风格来修身。不过，低调其实并不是马化腾性格的主导，该高调的时候马化腾绝对不含糊。

比如，在进军门户网站的时候，马化腾表现出的高调便大有令人惊诧的味道。当时，TOM 在线的王雷雷誓要进入“门户前三”，为此他沿用了李嘉诚 TOM 集团做大媒体集团的思路；而网易的丁磊也在暗自发力，从未放弃赶超新浪、搜狐的想法；前雅虎中国总裁的周鸿祎更是放出了做“全球第一门户”的豪言。面对这些门户网站领域的大鳄，马化腾迎头赶上，几乎在众多豪杰厮杀之际推出了 QQ. com，并说：“我们会进入门户前三，前三中有一家会是新浪，另一家我不知道是谁。”如此豪言壮语，真是高调得令人愕然。

事实上，他的这种在做事上的高调并非是空喊口号，经过一轮惨烈的厮杀，腾讯门户网站成功了。今天提起中国的三大门户网站，腾讯依旧是位列其中的。

统一的价值观

马化腾是一个崇尚共享、共荣的人。在腾讯，他从不突出自我，强调“我”的价值，因为个人再优秀永远不可能成为一个企业奋进的基础和动力，他知道团队的意义。

和谐而有着共同目标的团队可以制胜一切，相反，则会一败涂地。那么，要怎样才能让团队和谐、目标一致呢？马化腾有自己的方法，他将腾讯的价值观融入了每一个腾讯人的心里，让他们与腾讯始终紧密地联系在一起。他知道，只要员工具有统一的价值观，企业就一定会朝着辉煌的方向前行。

腾讯的价值观内含正直、尽责、合作和创新四个部分，在此引用如下：

正直：

做人德为先，正直是根本；

保持公正、正义、诚实、坦诚、守信；

尊重自己、尊重他人、尊重客观规律、尊重公司制度，从而自爱自强。

尽责：

负责是做好工作的第一要求；

不断强化追求专业的工作风格，不断强化职业化的工作素质；

有强烈的责任意识，有杰出的肩负责任的能力，有勇于承担责任的品格。

合作：

团队优秀才能真正成就个人的优秀，与环境和谐发展是企业基业常青的基础；

积极主动，重视整体利益，从而创造优秀的团队绩效；

放眼长远，胸襟开阔，不断追求优秀的合作境界。

创新：

创新不仅是一种卓越的工作方法，还是一种卓越的人生信念；

在方式、方法、内容上，时时追求更好的解决方案，精益求精，谋求更好的成果水平；

不断激发个人创意，完善创新机制，以全面的技术创新、管理创新、经营模式创新，推动公司的不断成长。

腾讯的价值观与很多知名企业一样，主要强调的是“人”的重要性。马化腾知道，只有首先把人摆在企业生存和发展的第一位，企业的壮大和辉煌才有可能。对于创业团队也是一样，如果他们目标一致，价值观相同，就一定能够做一番大事业。

统一的价值观保证了企业的员工都是为了一个目标而聚集到一起。这会让企业在不断的成长中积攒充足的能量，待时机成熟就能一飞冲天。

在谈到缘何将“正直”排在腾讯价值观的第一位时，腾讯早期的创业元老之一陈一丹说：“我们希望我们的员工做人以德为先，正直是根本。”因为，如果企业的每一名员工都是正直的，那么这个企业就是正直的，而正直的企业在市场上就会有强大的竞争力。

马化腾统一了员工的价值观，就能使腾讯在遇到危机和磨难时，每一名员工都能全力坚持，都会想方设法去捍卫公司的利益。他们知道，只有公司渡过了难关，自己才是安全的；只有公司获得了巨大的发展，自己才会随之受益。

统一的价值观，让腾讯的发展冲劲十足。从今日腾讯取得的一项项成就来看，统一的价值观起了十分重要的作用。

企业要壮大，管理需民主

在腾讯创业初期，他们在管理团队上就形成了5人决策小组。其组织结构分为四部分，除马化腾外，其他四位创始人每人单独管辖一块。张志东管研发，研发分客户端和服务器；曾李青管市场和运营，主要和电信运营商打交道，也外出拉一些单子；陈一丹管行政，负责招聘和内部审计；许晨晔管对外的一些职能部门，比如信息部、对外公关部都属于他的管理范畴，最早的网站部也归他管。

当时，腾讯内部的决策体系也很有意思。负责行政、财务的陈一丹和负责营收的曾李青就像针尖对麦芒，经常因为一些事发生争执，但是只对事不对人。这个时候，张志东往往会第三个发表意见。张志东技术出身，以理说事，当然这个理是他自认的理。也就是说，当曾李青和陈一丹争论的时候，张志东会根据个人的判断选择站在谁那边。许晨晔则是一个“好好先生”，他在整个决策体系里是个平衡，很多时候他都是服从多数或干脆弃权。马化腾总是最后一个发表意见，他负责整个团队的临门一脚，或者是他在2∶2时出来一票定乾坤，当然这情况并不多见，而更多是许晨晔弃权变成在2∶1的时候，自己这一票下去变成3∶1，同样是一票定乾坤。不管怎么说，5人决策小组总能在关键时刻作出合理的判断，进而推动腾讯的发展。

在企业管理上，成立公司决策小组是非常必要的。每个人都有发表意见的权利，但是，最终的决策还是要看谁的意见更合理，或者少数服从多数。

企业民主管理首先是一种现代的管理制度和管理方式。它属于管理学范畴，而不是民主政治范畴，它必须符合两个方面的目的和要求：其一，是促进企业的发展，也就是说，企业是目的。即充分发挥一切利益相关者的才能和积极性，促进企业管理的科学化，改善企业的经营状况。其二，则是促进人的发展，正如马克思所说，人本身就是目的。企业民主管理必须充分维护职工的合法权益，满足人受尊重和自我实现的需求等。只有这样才能有利于企业内部合力的形成，有利于企业的发展壮大。

其次，企业的职工应包括一切要素的所有者在内，而不仅仅指将投资者、企业管理者等排除在外的普通职工。也就是说，企业一切要素的所有者共为主体，其主体既包括生产劳动者，也包括资本所有者、经营管理者、专利所有者、高级技术人员等。企业经营管理者不是企业民主化管理的客体，而是主体的一个组成部分。

再次，职工（代表）大会作为我国企业非常重要的民主管理渠道不可忽视，然而却不是唯一，企业民主管理的渠道和方式仍有待于进一步的规范和创新。

企业民主管理对和谐社会建设的支撑和推动作用，主要通过“四个功能”表现出来：一是协调功能，有效协调企业内部的利益矛盾关系，其主要手段是推进厂务公开、开展劳动争议调解等工作；二是法制化功能，建立健全企业各项规章制度，坚持依法办事，提高企业的执法能力。民主管理必须要求有序参与，依法维权，和谐维权；三是创效功能，民主管理能创造经济效益，推动企业协调、科学、持续发展；四是凝聚功能，企业民主管理通过上述三个功能的发挥，催生出工会和企业的凝聚力，这就是企业民主管理的凝聚功能的实质所在。

企业实行民主管理在《工会法》和《中国工会章程》中都有明确规定。工会依照法律规定，通过职代会或其它形式，组织职工参与本单位的民主决策、民主管理和民主监督，维护职工合法权益；动员和组织职工参与经济建设，完成生产任务和工作任务。企业民主管理的职能定位是把经济发展作为首要着力点，因为经济的持续健康发展是构建和谐企业的首要条件。如果没有职工的广泛参与，企业的经济发展目标也就无法实现。企业民主管理又具有“两个维护”的作用，即维护工人阶级的整体利益，维护职工群众的具体利益。维护职工合法权益，确保职工在企业享有法律规定的民主权利，是为了进一步调动和保护职工的积极性和创造性。正是从构建和谐企业的目标出发，工会依法开展劳动争议调解以确保建立和谐稳定的劳动关系；实施厂务公开以推进民主监督；建立平等协商及集体合同制度以保障职工的合法权益，这些努力也正是为了更好地肩负起构建和谐社会的重要使命。

民主管理是构建和谐企业的支撑和动力。但其功能的发挥，有赖于相关机制建设的配套和完善。应从以下几点努力：

1. 完善职代会制度，确保民主管理工作的落实。职代会是企业职工开展民主管理的主要渠道，职代会职权能否真正落实，往往取决于职代会机制的完备性及有效性，所以应建立与之相配套的制度及机制。

现代企业制度的条件下，以职代会为基本形式的企业民主管理工作对于克服官僚主义，实现科学决策，推进企业发展具有重要的现实意义。在继续推进和完善与现代企业制度相适应的现代职代会制度中，要着力抓好“三新”，坚持和树立“三个观点”。“三新”就是在强化职代会职权方面有新的突破，在职代会的基础性建设上有新的突破，在职代会的活动领域及活动方式方面进行新的探索。“三个观点”就是坚持面向未来的观点，坚持发展的观点，坚持突出以人为本的观点，要用长远的眼光，处理新情况、新问题不墨守成规，不怕担风险，坚持探索、创新、推进，使更多的职工、干部对职代会的效果在观念上有质的飞跃。

2. 强化劳动争议调解机制，促进企业劳动关系的和谐。劳动争议调解委员会应坚持以制度为依据，以法律为准绳，加强信访和调研工作，并建立企业领导每周接待日制度。针对职工的难点、热点问题，要与职工“零距离交谈”，宣传政策，听取意见，化解矛盾。

3. 完善厂务公开机制，用“透明”共铸和谐。厂务公开是实施民主监督的有效形式，其最大优势在于让职工知情、参与、监督。“参与权”是以“知情权”为基础的，落实“知情权”是为了更好地行使“参与权”。从这个意义上讲，厂务公开是职工行使民主权利的一个平台。

在继续推进和完善与现代企业制度相适应的厂务公开制度中，要加强认识，进一步在推行公开中统一，在统一认识中深化。随着社会主义市场经济体制的建立和完善，今后国有企业将进一步减少，国有控股公司、股份制企业会相对增加，企业的产权结构、组织形式变了，厂务公开的内容、形式、程序、范围等都要有新的变化，要顺应形势的发展，把厂务公开纳入企业体制和制度建设加以研究。

4. 完善平等协商、集体合同制度，为企业和谐劳动关系筑起“防护墙”。集体合同在协调劳动关系中具有强制力，进而使劳动关系在合同框架内达到高度的协调。所以，企业应重视并认真实行平等协商和签订集体合同制度，通过这一机制更好地保障职工的合法权益。

5. 建立健全职工董事、监事制度。在建立和健全与现代企业制度相适应的董事、监事制度中，要适当提高职工代表参加的比例，要明确董事、监事会的职责，形成各负其责，协调运转，有效制衡的公司法人治理结构，以便使企业的法人治理结构、党委会、职代会、工会按照各自的章程各司其职，杜绝“一揽子”会的发生。在此基础上，还要大力提高职工董事、监事的素质，对他们加强政治、业务的全面培训，以求提高其决策、管理和监督的各项能力。

6. 建立企业职工民主评价制。民主的关键是决策的民主。采用民主的决策方式，一方面可保证“职代会”各种权力的充分行使；另一方面可使决策带有科学性并充分尊重职工意愿，集思广益，有利于提高决策质量。要把涉及企业前途命运的重大问题列入民主评价范围，而不使职工局限于评价干部的德、能、勤、绩，以避免“一言堂”作风及武断“拍板”所遭致的重大失误等不良后果，这中间，“选择权”与“罢免权”是民主评价的最高形式。职工（职代会）在开展民主评议活动中如果没有选择权与罢免权，职工的民主评议将流于形式，企业民主管理也将形同虚无并步入歧途。

7. 建立职代会举报和监督制。没有制约的权力必将导致腐败。在国营企业，职工是权力的主体，应当在企业的职工与经营者之间建立起一个制约机制，以实现对权力的制约，避免权力的极端性与绝对化。由于企业经营者和职工群众都是生产资料所有者，因此，监督是建立在根本利益一致的基础上的，这种利益的一致性决定了监督的两重性，即实施监督者同时又是被监督者，企业中任何一个职工或领导如果做了有损企业利益的事情，职工群众和代表就应当举报（或越级举报），以便及时、有效地中止和查处其违法行为。

8. 建立企业经营者与职工民主对话机制。开展定期的协商对话，不仅可以沟通思想，联络感情，也可以使经营者摆正领导与公仆的位置，有利于使经营思想、方针、策略为广大职工所了解和接受；有利于多渠道、多层次地掌握干群之间的思想、工作状况，及时解决各种疑难问题。

9. 建立职代会立案制与动议制。由于人们对“合理化建议”是否合理的认识不尽相同，加上一些企业领导“一锤定音”式的表态，一些事实上合理的建议极易被束之高阁，这势必挫伤职工参与企业管理的积极性。建立职代会立案制，可大大避免这种情况的发生。立案制，就是凡有一名职工代表提出的要求或建议，有3人以上附议的，职代会有关机构应及时（一般不超过半月）召开专门会议研究，在讨论中，凡符合法定多数而通过的即以提案立档；同时，以职代会决议形式发布并通报厂长和有关部门，厂长和有关部门有责任限期落实并给予明确的答复。作为立案制的补充，动议制是对那些临时出现的事件、问题或问题虽早已出现，但未按规定程序列入职代会议程而又确需迅速作出处理的重大问题，均可按动议制度（如1人动议3人以上附议）提出动议，提请职代会讨论。

总之，随着企业改革的深入和各项现代企业制度的逐步建立，企业管理日益走向科学化、制度化、规范化，广泛地发动和组织职工群众参与企业的民主决策、民主管理和民主监督，是现代企业沿着健康轨道不断发展的有效途径。

善于授权，让员工动起来

腾讯是典型的工程文化企业。一个工程师当家的公司，管理方式是自下而上的，通常最主要的沟通是发生在工程师与工程师之间，而不是主管与主管之间。这就意味着很多事情都需要工程师积极主动，并自己作出决定。但以往中国的工程师文化只是一种“推动型”文化，而且中国的员工还是根深蒂固地习惯于老板发号施令，习惯于重要决策问老板，有了问题找老板解决，很多企业也就形成了以老板为中心、凡事都要老板做主的公司。

而工程文化企业，主要以工程师为主，也就是说企业老板把某工程决策权交给工程师，下放权利，让员工自主研发和讨论。而工程文化企业最好也是最可怕之处，就是使公司的员工能永远处在一种创新冲动的企业文化之中，使这家公司有层出不穷的思想。而腾讯就是这样一个企业，马化腾本身就是工程师出身，所以使腾讯也一直处于一种创新的状态。

管理是一件极为复杂的事情，一个企业组织如果做大了，大事小事千头万绪，如果光靠管理者一个人去处理，即使这个管理者是孙悟空有七十二变的本领，恐怕也无济于事，也会事业没有成功就会累死职场的。

现代企业中的管理者，特别是一些没有经验的新晋经理，喜欢把一切事揽在身上，事必躬亲，所有事情都要去管，从来不放心把事情交给下属去做，这样下去，势必会忙得焦头烂额，但是也很难收到良好的成效。领导亲力亲为，不仅造成工作效率低下，还会打击下属的工作热情，甚至造成人才流失。因此，领导事必躬亲，其实是对下属工作的不信任。由于领导不肯放权，下属在工作中感觉自己的价值不被承认，最终导致人才流失。这是一个悲剧——有过于能干的领导，结果导致有才能的下属流失，剩下的是一群不愿使用大脑的庸才，整个团队的战斗力可想而知。

因此，事无巨细并不见得一定是好事，尤其是对于各位管理者来说。美国通用电气前 CEO 韦尔奇也曾经说过，“管理得少”就是“管理得好”。如果一个领导者想要把企业做大做强，但又不能事事亲力亲为，因为其时间和经历都是相当的有限，他必须保证在重大决策上发挥作用。这就要求他在平时繁杂的小事务上，充分授予其有才华下属相当的权利，交付他们去全权处理日常事务，把节省下来的时间投入到更有价值的事情上来，这其实就是一种授权。授权不是简单的放权，他需要领导者具有高超的艺术。

一个胜任的经理，应该懂得和学会充分地利用部属的力量，充分地进行授权，以便更好地发挥团队协作的精神，这样不仅能使团队很快地成熟起来，同时，也能减轻团队经理的负担与压力。

要想管的少，就要合理的授权，领导者学会授权的管理艺术对管好企业至关重要，这需要不断从古今中外的管理经典和实践中总结其中的智慧。

诸葛亮是历史上赫赫有名的人物，用现在的观点来看，他也是优秀的管理者，可以“运筹帷幄，决胜千里”。但他不懂得授权，事必躬亲，对别人不信任、不放心，以至于“鞠躬尽瘁，死而后已”。他也不懂得培养人才，三国初期，蜀国有“五虎上将”，可刘备死后，到了三国鼎立的后期却形成了“蜀中无大将，廖化当先锋”的局面。

一个企业的发展必须依靠团队的共同努力来实现，管理团队的原则就是要基于信任的基础上的授权，唯有信任的委托才能产生授权的激励作用。

日本“经营之神”的松下幸之助就是掌握授权管理艺术的管理者。1926 年，他想在日本金泽开设办事处，结果他把一个 19 岁的年轻人找来并告诉他说：“我们准备在金泽建立办事处，希望你去主持，你立刻就去，找合适的地方，租下房子，资金已为你准备好了，你拿去进行这项工作。”小伙很是吃惊，他不安地把他如何年轻，不能胜任这项工作告诉松下，可是松下却对他很有信赖感，而且很肯定的对小伙说：“你一定能做到的。我会支持你的。”结果这个小伙一到金泽，立即开展工作，并把每天的进展写信告诉松下。第二年松下有事经过金泽，年轻人率领全体员工去请董事长检查工作，结果为了表示信任，松下幸之助拍着小伙的肩膀说：“我相信你，你当面给我汇报就可以了。”那位年轻人非常感动，到后来金泽办事处越办越好，给松下带来了意想不到的利润。松下幸之助回忆这件事时说：“我用这种信任的授权方式办办事处还没有一个失败的，对人信赖，用权力激励人是培养优秀员工的很重要的条件。”所以，高明的授权是既要下放权力给员工，又要给他们被重视和信任的感觉，既要检查督促员工的工作，又不能使员工感到有名无权，唯有信任的委托才是授权成功的基础。

通过授权，领导者可以借助于他人的专长，弥补自己的缺陷，从而使问题得以解决，使工作顺利进行。而下属亦可以大展其志。因此，成功的领导者都懂得授权的重要性，都具有较高的授权艺术，并且在领导实践中可以正确的运用。

懂得授权，敢于放权并善于放权是一个管理者取得成就的基础和条件。尽己之能不如尽人之力，尽人之力又不如尽人之智，高明的领导者一定是能把下属的积极性充分发挥出来，通过聚大家之力和大家之智来达到管理的目的，而不是事必躬亲的成为事务的奴隶。领导要通过授权让下属分担责任，使员工更多地参与项目的决策过程，允许个人以自己的更灵活的方式开展工作。授权可以实现“双赢”。

第五课

圈地运动：只拼团队

——马化腾谈人才管理

我认为腾讯的成功，首先就是技术、产品和用户感这个要非常强。第二，团队稳健、股东架构稳健很重要。

——马化腾

保障员工的利益

是员工成就了企业，一个企业没有员工就什么也做不成。怎么样才能留住员工有时也是对公司的一大考验。作为领导，你要明白，员工出来工作是为了生存，而企业的生存也需要员工，只有先保证他们的生存，才能保证企业的生存。

马化腾就是这样一个领导，他总是换位思考，站在员工的角度去想事情，他知道团队对企业的重要性，所以他从来不会亏待员工。基于此，他首先做的就是保证员工的利益。马化腾对于员工的薪酬也做了多方面的计划。比如，年度服务奖金、绩效奖金、专项奖励、股票期权、员工保障计划（包括国家规定的养老保险、医疗保险、工伤保险、失业保险，还提供最高保额10万元的人身意外伤害保险/寿险，以及每年一度的健康体检）、员工带薪休假计划、其他福利计划等。使员工得到了丰厚的利润，自然也就能留住一个强大的团队。

一个企业的成败，员工起着重要的作用。作为一个领导者，保证员工利益是最基本的条件。

很多企业信奉金钱至上，可是，腾讯却将员工视为企业的第一财富。

腾讯的员工所从事的工作是最前沿的互联网技术，也是最酷的互联网产品，根本就不必担心是否会被隔离在核心技术和产品之外。作为公司核心创作工作的主角，会慢慢发现，自己的工作改变着亿万网民的生活、自己的成果和服务也成为了互联网的水和电。

在腾讯的管理概念里，有着一条重要的原则，那就是“关心员工成长”。在有关报道上，腾讯是这样解释这一原则的：第一，重视每个员工的专长和兴趣，以良好的工作条件、完善的员工培训计划和职业生涯通道设计等以促进员工个人职业的发展；第二，重视企业文化管理，使员工之间有着简单明了的人际关系、严肃活泼的工作氛围和透明易懂的沟通方式，以促进员工满意度不断提高，使员工快乐地成长；第三，激发员工的内在潜力，追求个人与公司同步成长。作为个人，首先要有先付出的自我意识，甘愿为团队和组织做出奉献，以优秀的团队成就个人的优秀。

马化腾曾说："如果在这个公司呆得越长，激励每年就会逐渐逐渐追上，不能说完全追上原来早期的人的水平。但是至少可以让他在同行来比要体现出他的优势，在高速成长的企业发挥重要作用的关键人才，激励要跟上，这是我们的逻辑。"

马化腾认为，员工在一个企业或组织内是否有良好的工作感觉，以下六方面是最重要的：明确性、进取性、奖励性、责任性、灵活性和凝聚性。

高速发展的业务提供给员工以广阔的发展空间，完善的培训机制和人力资源的再开发也使员工在工作岗位上各施所能。如果你的企业做到了这一点，就离成功不远了。

实施有效的激励机制

部分早期员工由于过早的聚集了相当的财富，确实存在动力不足的问题。对后续员工进行有效的激励，保持未来高速增长的关键，是腾讯实施股权激励的目的。

腾讯对后续员工的激励有别于其他公司，也确实让很多员工为之动容。腾讯控股在香港联交所发布公告，公司董事会决议要进行一项大规模的股权奖励计划，那就是授出 8181180 股的股份以奖励 1250 名员工。

自腾讯上市以来，股权激励并不是第一次。此前最近一次股权激励计划始于 2007 年的股票期权激励方式，期限为十年，总计 31457513 股股份的购股权已获授出。截至 2009 年 4 月，已行权仅 296170 股。

腾讯的内部员工透露，此次奖励的是表现突出的员工，而且还要根据个人的业绩和考核表现来分配，所以并不是对股票进行平均分配。还有一腾讯内部员工说："公司里的核心业务骨干和表现好的员工，应该是此次奖励比较集中的。"而且，腾讯的董事和主要股东都不在奖励范围内。

对于腾讯来说，此次的股权激励真可谓是大手笔，以腾讯控股收盘价 90. 3 港元计算，这一次用于激励的股票总值就达到了 7. 3 亿港元。股份由独立受托人购入，认购款由腾讯公司支付，后经股东大会授权，然后将股份分期授予奖励员工。不同于其他上市公司的期权激励方式，腾讯采用的是一种"限制性增股"。腾讯在公告中表示："奖励股份的归属期（授权日期），会因不同奖励人士而有所不同。授予各奖励人士的奖励股份总额须视乎各奖励人士的职位、经验及表现而定。”

激励员工已成为每位管理者工作中不可或缺的一部分，也是领导智慧和管理艺术的集中体现。最大限度发挥员工的创造力，能够让员工和企业双向受惠。

重视与员工的沟通

现代管理强调的是以人为本的管理，员工是企业的主心骨。作为一个成功的企业家，应该多多听取员工的意见，多多了解员工的需求。这就要求管理者多与员工进行交流。“创业难，守业更难”，只要公司诚恳得对待每一位员工，员工们都会积极奉献。

腾讯作为中国最早的互联网即时通信提供商，以“智慧沟通、灵感无限”为内部的一个永恒不变的主题。公司亦非常重视内部沟通环境，每个新加入的员工，人力资源部就会发放其一本《腾讯内部沟通手册》，让他们感受到公司的沟通文化，并且告诉他们在什么样的情况下应该采取的沟通渠道以及内部沟通技巧等。

腾讯对新来的员工在保持畅顺的沟通方面是十分注重的，这也是腾讯的强项。作为互联网世界最大的沟通平台提供商，就要求腾讯有着更好的沟通平台。腾讯内部有非常便利的电子化沟通平台，即 RTX（腾讯企业版的即时通讯产品）。另外，公司内部也有 BBS，而且利用率也很高。员工都习惯把各种问题抛在各个分论坛上，而且问题各式各样，甚至是极小的问题。但是公司的高层领导或者是某一领域的专家都会对其进行解答。当然，仅仅这些是不够的。还有每两周一次的“总办午餐交流日”，员工可自由报名参加，通过抽签选其中的 12 人和总办成员代表一起吃饭，探讨问题。

一个企业的成功，离不开员工的付出，而且，团队合作在其中起到了很大的作用，一个人想要站得更高，就要有一定的才能。腾讯的高层管理团队在各自的专业领域中都有很深的造诣，比如有的人比较擅长前沿技术，有的人有很强的市场洞察力，而有的人对组织变革较为敏感。团队中的人都遵循着互相影响、互相学习的原则。

管理者要作出决策必须要从下属那里得到相关的信息，而且，决策也要通过跟员工沟通才可以实施。再好的想法、再完善的计划，离开了员工，都将是无法实现的空中楼阁。

招聘高情商的人才

马化腾在招聘时定下一个标准——人品好，高情商。“我几乎是有点偏执地超级强调这一点，我们几个创始人都喜欢简单，不喜欢搞政治化，哪怕你说我不懂也好，我就是强调简单，人品第一，这样的毕业生进入我的公司培养3年，我让他成为业务骨干。”

因为简单的人，更容易执着。正因为执着，才有了今日的腾讯。如此用人，便是智。是马化腾创业初期的制胜的法宝。

马化腾认为，在人力资源开发管理中，管理者往往只注重人力资源的招聘、培训、绩效评估中的具体工作，而忽略了比这还重要的情商管理。其实，每个企业在人力资源的管理中，因情商管理失败而引发的问题给企业和员工带来损失的事常有发生。因此，如何招聘到高情商的人才；如何增强员工承受压力、挫折和不幸事件的抵抗力；如何培养奋发向上、积极进取的情商管理能力，从而挖掘出员工的最大潜能，是企业管理者必须考虑的问题。

有教授讲，在大量介绍比尔·盖茨和他创立的公司神话的书籍中，没有一个不提到公司在追求卓越过程中的招聘规则。例如，在《微软之路：微软赢得竞争优势的真实故事》这本书中，作者兰德尔·E·斯特罗斯说：“微软相比其他公司已经获得了最大的成功，而且也显然得到了更多的回报。”微软招聘策略的重要一点是宁可空缺，也不要一个“差不多”的凑合。即使一个持续的职位空缺会带来麻烦也要坚持如此。

Wrigley Canada公司的人力资源专家谢利·罗斯说：“对我们来说，这意味着要更充分地了解我们招进来的所有的人。和许多公司一样，我们公司的文化在

20世纪90年代也有了改变。我们现在需要灵活性更高，更能够使顾客满意的人。在我们整个的计划中，也变得更倾向于基于团队合作的方法，因此我们需要有良好决策能力的人。” Wrigley Canada 公司从1998年就开始应用MHS的情商测试来进行所有的招聘了。

EQI测试的应用结果表明，它确实是个精确有效的工具。一般来说，测试往往在招聘经理和人力资源部代表初步面试之后进行，从测试的结果可以看出求职者的社会交往或自我管理能力。不过，我们也不应该仅仅依据测试结果就录用一个人。应聘者以前的经历、教育背景、推荐人、面试情况以及案例面试都应该列为决策考虑的因素。对此，哈佛的教授说，在你公司招聘的过程中如何应用情商原则呢？

1. **情商在招聘中**

在招聘中，智商和专业知识固然是重要的，但高的情商更是一个成功的员工必备的。因此，越来越多的企业开始重视这一道程序的面试。在面试中，从应聘者的面相、站姿或坐势，可以看出一个人包括意志、毅力在内的情商控制力；口试中，面试人员可以模拟一些情景，让求职者回答或演讲，然后从他谈话的快慢、脸色、表情等，判断其个性、心态、情绪控制力，从中挑选出企业所需要的人才。

2. **情商在培训中**

从某种意义上说，心理的力量比技能的力量更重要，一个人要取得成功，不仅需要一定的技能，更需要积极的心态。在当今瞬息万变、充满竞争的环境中，越来越多的管理者和员工认识到了培训的重要性。但是多数的管理者仅仅着眼于本企业的生存和发展需要什么样的技术而进行相应的培训，而对于员工有些什么样的兴趣和想法，员工要求培训的动机是什么，一概不予考虑。在培训内容上，大多数企业只考虑专业技术的培训学习，忽略了员工的心理健康方面的培训。

另外，随着计算机、网络技术、通讯手段的日新月异，培训的方式和手段也日趋多样化。不管是通过在线学习、函授教学，还是到高校培训等，都要根据每个员工的兴趣、性格、心理需求及学习的内容作相应的安排。

3. 情商在工作安排中

企业最重要的事，就是“人尽其才”，而“人尽其才”必须充分考虑员工的个性和兴趣，合理安排适合于员工心理特点的工作。如果指派一个性格孤僻、待人冷淡的人搞销售工作，或委派一个不善交际或情绪波动大的人作公关工作，这个企业的发展就可想而知了。不同的工作岗位需要不同的性格、气质、情绪控制力的人。

如果觉得情商测试太麻烦了，Hay Group 的资深顾问桑德拉·英林博士建议，可以采用“行为情境面试”来代替。

例如，你可以让求职者描述一次由于一些人不理解他的想法而使他感到沮丧的情景。在他表述的过程中，注意听他是如何解读其他人员由于不理解而出现的反应的。在 Hay 公司，我们开发了一套情商能力专业词语大全，用来参考评估候选人的情商综合水平。

哈佛的教授曾说，面试最终的想法就是要找到适合职位和公司文化的人，我们发现为了找到更匹配的人才而付出努力是值得的，而情商也在这寻找的过程中成为一个越发重要的工具。

“企鹅帝国”的培训策略

腾讯是一家市值500亿美元的上市公司，开展的业务几乎涉及互联网各领域，活跃的账户数超过7亿，公司员工近2万人，员工平均年龄27岁。在日新月异的互联网行业，腾讯学院扮演了非常重要的培训角色。

对于新员工，对于不同通道、不同层级的职业人员，腾讯都有不同的培训内容，到现在为止，腾讯已经有300多门内化的面授课程，在线学习的课程1300多门，而且有600多位兼职的讲师。

但从严格意义上讲，腾讯学院的发展还没有完全达到当时预期，整个公司的管理层对培训的期望值特别高，员工的期望值也特别高。腾讯公司希望在原有基础之上能够更好地配合公司的战略发展，能够更有前瞻性，通过企业大学的建设来做好未来人才的培养工作。

随着科学技术的发展和社会的进步，现代企业对员工的请求越来越高、越来越新。今天你是很称职的员工，如不保持学习，明年就有可能掉队。解决这一问题的方法之一是进行员工培训。一个企业要想在现代社会的竞争中立于不败之地，就必须注重对员工的培训。

一、员工培训的重要性

员工培训，是组织人力资源管理与开发的重要组成部分和要害职能，是组织人力资源资产增值的重要道路，也是企业组织效益进步的重要道路。

1. 可以使新员工尽快地适应其工作岗位。

新员工有两种类型，一是刚刚毕业的大中专学生，另一种是来自其它企业的新员工。对于前者而言，他们面临的将是一个完全新鲜和陌生的生活环境，不同的企业文化将使其在行为举止和内心体验上烙上不同的色彩和图像。而对于后者可能面临的是两种企业文化的激烈对撞。

研究发现，新员工在刚到企业的一个过渡期内（通常是三个月到半年）将会依自己对企业的感受和评价来选择自己如何表现，决定自己是要在公司里谋发展还是将其作为跳板。一次，那些以追求双赢为己任的企业应当通过系统的定向培训尽快地消除新员工的种种担心和疑虑，让他们全面而客观的了解其工作环境、企业气氛及新工作所需要的知识与技能。

2. 可以提高和改善员工绩效。

人的知识与技能的提高对于经济发展有着重大价值。员工个人拥有更多的知识和技能，就能够承担更多的工作和更大的责任。通过培训，可以提高员工的工作绩效。经过培训的员工往往可以掌握正确的工作方法，纠正错误或不良的工作方法，其直接效果必然是促进工作质量和生产效率的提高，与此同时，各种损耗可以得到有效的降低。此外，还能减少事故的发生。

3. 员工培训是造就和形成共同的价值观、加强凝聚力的重要性工作。

一个企业人才队伍建设一般有两种：一种是靠引进，另一种就是靠自己造就。所以企业应不断地进行职工培训，向职工灌输企业的价值观，培训良好的行动规范，使职工能够自觉地按惯例工作，从而形成良好、融洽的工作气氛。通过培训，可以加强员工对组织的认同感，加强员工与员工、员工与管理人员之间的凝聚力及团队精力。

4. 员工培训是提升员工技巧、能力水准的有效道路。

员工培训的一个重要方面就是岗位培训，其中岗位规范、专业知识和专业能力的请求被视为岗位培训的重要目标。岗位人员上岗后也需要不断地进步、进步，参加更高层次的技巧升级和职务提升等方面的培训，使各自的专业知识、技巧能力达到岗位规范的高一层标准，以适应岗位的需要。员工培训工作显得尤为重要，实践证明它也是达到预期目标的一条有效道路。

5. 员工培训是勉励员工工作积极性的重要措施。

员工培训是一项重要的人力资源投资，同时也是一种有效的勉励方法，例如：组织工作突出的职工去参观先进企业，勉励职工利用业余时间进修并予以报销费用等。据有关调查，进修培训是许多职工重视的一个条件，因为金钱对于技术、知识型员工的勉励是暂时的，一段时间可以，长时间不行，他们更重视的是通过工作得到更好的发展和进步。

6. 员工培训是建立学习型组织的最佳手段。

学习型组织是现代企业管理理论与实践的创新，是企业员工培训开发理论与实践的创新。企业要想尽快建立学习型组织，除了有效开展各类培训外，更重要的是贯穿“以人为本”进步员工素质的培训思路，建立一个能够充分激发员工活力的人才培训机制。成功的企业将员工培训作为企业不断获得效益的源泉。学习型企业与一般的企业最大的差别就是，永不满足地进步产品和服务的质量，通过不断学习和创新来进步效率。

二、如何提升培训效果

员工培训如何走出俗套，创造积极明显的理想效果，就必须在培训的理念、方法等方面不断进行创新。

1. 员工培训的观念要创新。我们必须转变员工培训是糟蹋人力、物力、财力的观念，而要建立起员工培训是企业的一种投资行动，是可以使企业获得长期综合收益的行动，其重要性比企业看见的厂房投资、设备投资更为重要。

2. 员工培训的方法要创新。必须转变你说我听，课后测验的传统培训模式。这种老化的方法导致参加培训的员工对培训缺乏兴趣，很难取得很好效果。因此，在员工培训方法上，要体现出层次性、多样性，要拉开梯度，采用不同性质的、不同程度的培训。要机动、生动，易于被职工吸收。要紧密接洽实际，形成双方良性互动。

3. 员工培训打算要有创新。在重视针对性的前提下，必须体现出系统性和前瞻性。员工培训不仅仅是为了目前的需要，更要考虑将来的长远发展。要根据企业现状及目标，系统制定各部门、岗位的培训发展打算。要根据不同部门、不同层次、不同岗位制定具体多样的培训主题，在培训的内容上体现不同的深度。制定涵盖企业所有员工的、持续的、经常性的培训机制。

4. 员工培训授课者的选择要创新。专门的培训师的选择固然非常重要，但企业内部领导以及内部职工成为培训师在相互的认同上更为亲近。企业内的领导成为培训师有以下几个方面的优势：他们既具有专业知识又具有可贵的工作经验；他们是在培训自己的员工，确定能保证培训内容与工作有关。企业内部员工成为培训师应当具备以下几个条件：足够的工作能力；受到同事的尊重；擅长与人沟通；愿与别人分享自己的经验与能力；关心企业的发展。当员工培训员工时，由于频繁接触，一种团队精力便在组织中自然形成，而且，这样也锤炼了员工本人的领导才干。

5. 员工培训的考核方法要创新。员工往往认为培训的意义在于获得证书，而疏忽了培训的本质，一旦获得所需要的证书，员工进一步进步自我甚至利用从培训中获得技巧的积极性就消散了。证书不一定要权威机构的，也可以是企业内部的，但每个企业要尽量使这个证书变得权威些，变得有吸引力些，因为改良职工的硬技巧固然重要，同时改良他们的软技巧，如纪律观念、职业道德和工作态度等也尤为重要。

总之，员工培训是人力资源管理学科研究的重要内容之一，其本质是企业对人力资本的投资，企业真正器重职工培训，对企业、对职工将会是一个双赢的选择。

腾讯家族的伙伴们

很早以前，马化腾就想创办一家属于自己的公司。于是，他一直在积极地为之规划，他从自己的圈子里寻找到诸多合作伙伴。张志东是马化腾最早找到的合作伙伴之一，两人都毕业于深圳大学计算机系。

在计算机方面，张志东可称得上是天才。他和马化腾在上学的时候就是计算机技术拔尖生。但与马化腾相比，张志东更胜一筹。张志东的才能在计算机圈子里是有目共睹的，即便是放大到深圳整个计算机发烧友的圈子里，他也是其中的翘楚，没有人敢和他抗衡。

同时，张志东也是一个工作狂。他基本上没什么业余爱好，唯一的兴趣是下象棋，在工作之余，他会抽空上网杀上一盘。张志东当初在黎明网络公司工作时就很努力，经常加班，加班到凌晨两三点更是家常便饭。

张志东不是大个子，只有一米六出头，比马化腾和曾李青要矮上一头。脸圆圆的，说话时总是面带微笑，在讨论技术问题时却有些偏执，有时会激动得脸红脖子粗。与他熟悉的人都叫他“冬瓜”，这与其身材有一定的暗合。随着腾讯的不断壮大，张志东也成为腾讯位高权重之人，而旁人却把称呼改成“瓜哥”或喊他的英文名 Tony（腾讯内部从不以“总”称呼），认为这是一种尊重。

张志东确实有值得人尊敬的一面。在技术上，他达到了炉火纯青的地步，即便是他的对手，都对这点佩服得五体投地。QQ 的架构设计源于 1998 年，正是由张志东搭建的。如今十多年过去了，用户数量从以前设计时的数以十万计到现在的数以亿计，整个架构还可适用，实在难能可贵。此外，他对物质上的追求极低。即便腾讯创始人纷纷在澳洲买别墅、开游艇、高管团购宝马，他依然“我行我素”，开着自己20多万元的中档车。

一个人能否成功，就看他与谁同行。一个人有什么样的朋友，在很大程度上决定了他的视野和境界，“物以类聚，人以群分”的道理千古不变。

市场奇才曾李青

在腾讯公司创办一个月后，曾李青是第三位加入腾讯的创始人。他的加入，无疑给马化腾和张志东在技术上增添了更多的市场、用户的成分。

当时成为腾讯 COO（首席运营官）的曾李青，有一次请他深圳电信的老同事张春晖去腾讯公司讨论一个项目，会中网络突然断线，电话打过去也不见维修人员来。虽然会议中很多人是他的下属，但曾李青却没有顾及这个，他一个人猫下腰，钻到桌子底下，把线路调通。看到眼前的这一切，不禁让张春晖想起了当年曾李青和他一起在深圳电信机房帮人调试设备的场景。此时，他感慨道：曾李青是个很实在的人，一定能够做成大事。

曾李青是腾讯公司的第三大个人股东。媒体上关于马化腾最早创业时的 5 位合作伙伴或是中学同学，或是大学同学的说法只是一种谣传。曾李青和马化腾不是同学关系，他们是通过马化腾的姐姐马建南认识的。当时，曾李青是马建南在深圳电信数据分局的同事，而且也有很多年的交情。于是，他们就这样认识了。

后来，他们开始一起创办公司。他们三个人第一次就成立公司的事情见面，是在深圳电信那间小办公室里，他们简单地分了下工，马化腾负责战略和产品，张志东负责技术，曾李青负责市场。在这种情况下，他们为了自己的事业不断努力，最终腾讯公司在互联网成为知名的网站。马化腾、张志东、曾李青都成为腾讯的老板。

许晨晔和陈一丹

许晨晔是腾讯公司的首席信息官。许晨晔和马化腾、张志东同为深圳大学计算机系的同学，与张志东一样，许晨晔在深圳大学毕业后，进修了南京大学计算机应用专业研究生，毕业后进入深圳电信数据分局工作，与曾李青成为同事。许晨晔是一个非常随和而又有主见的人，但他从不轻易表达，在大家眼里他就是一个“好好先生”。许晨晔最大的爱好就是与人聊天，兴趣涉及广泛。

陈一丹是腾讯公司的首席行政官，也是腾讯创始人之一。陈一丹原名陈惠龙，是马化腾在深圳中学时的同学，后来也就读深圳大学，不过专业不是计算机，而是化学。

陈一丹从学校毕业以后，就在深圳出入境检验检疫局工作。他边工作边攻读南京大学经济法专业，3 年后获得硕士学位，并很快考取了律师资格证。陈一丹既是一个十分严谨的人，也是一个非常张扬的人，他总能在不同的场合激起大家的激情。

其实，创业不是一个人单枪匹马的事情，而是一个团队通力协作的结果。这在 1998 年已经成为一种共识，但像马化腾这样，选择性格完全不同、各有自己特长的人组成一个创业团队是不多见的，而且更重要的是，马化腾很好地设计了创业团队的责、权、利。这些都是一开始决定的，但马化腾并非池中之物，终有一天他会腾飞的。

腾讯的其他创始股东们

腾讯在香港上市前公布的 12 名股东中，除了几位老板，还包括腾讯高管团队中的李海翔和吴宵光两人。

李海翔毕业于华南理工大学，于 1999 年 6 月 1 日被张志东从黎明网络拉到腾讯。自 2005 年 12 月起，他担任了腾讯公司运营支持系统的执行副总裁，主要负责规划、建设和管理相关运营支持平台。李海翔也是个十分有趣的人。

吴宵光原先在深圳市地震局工作，与马化腾同是 CFido 的站友。他们有两个共同的爱好：一个是天文，另一个是计算机，因此十分谈得来。吴宵光也是腾讯创办初始就加入的元老级人物，2005 年 11 月起担任互联网业务系统执行副总裁。他做事脚踏实地，在腾讯有很好的口碑，他还是腾讯足球队的队长。

被称为 CFido 深圳的“夜猫”，也是在腾讯创办初始进入的腾讯，他的真名叫封林毅。CFido 时代，在深圳某证券公司工作的夜猫开有“夜猫客栈”的站台，并由此和马化腾很熟。后来，夜猫离开了腾讯，至此与腾讯的成长轨迹再无交集。

除了以上这些创始人，还有徐钢武、黄业钧和贡海星三人。徐钢武是技术骨干，是个言语不多的人，负责服务器端。但只要与他谈论起技术问题，他的话就滔滔不绝，仿佛变成了另外一个人。

对于创业者来说，要想把事业做好，就要发展自己的人脉。只有拥有了良好的人际关系，才能将自己的事业推向一个更好的层面，才能使事业大厦越建越高。

在争吵中突破自我

在互联网界，马化腾是一个强人，他的“强”表现在他认真执着，学习能力惊人，尤其是肯倾听不同人的不同观点，不会主观臆断。

在腾讯公司，你经常会看到员工之间因为工作问题争得面红耳赤。员工经常反驳领导的意见，而公司领导也愿意倾听员工的意见，包括马化腾在内的管理层也都非常注意吸纳员工的好点子。

有意思的是，腾讯每一个重大决策的做出都源于争吵。腾讯创建之初，对于如何将寻呼与网络联系起来发展业务，是否上ICQ项目，腾讯内部发生过激烈的争论。最后，大家求同存异，开始对ICQ技术倾注心血。就是今天最受“90后”喜欢的QQ秀，也源自于一场争吵。2002年11月，一名员工赴韩国考察返回后，大力推荐一种给虚拟形象穿衣服的服务。但马化腾对这个建议提出一系列的质疑。经过激烈的争吵，马化腾同意用一周时间完成开发，尝试向用户推出。之后，腾讯联合服饰、手机、饰品公司共同开发了风靡Q族世界的QQ秀。

在争吵中达成一致，就是马化腾的“从众”式妥协，马化腾的“水”式包容力把腾讯带入意想不到的成功轨道。

腾讯员工之间的争吵不是无理取闹，而是通过摆事实、讲道理来说服彼此。通过争吵，大家表达了自己的观点，也交流了彼此掌握的材料，最终形成了最佳的策略。允许争吵、欢迎争吵，反映的是一种民主作风，也反映了马化腾宽广的胸怀，以及善于听取意见的睿智。

最早投奔腾讯的员工

一个卓越的领导者，不需要在各方面都是才干超群，但必须具备超群的选才与用才的眼光，练就一副火眼金睛，把握手下人各自不同的性格特征并以此来衡量一个人的才干，因人而异，量才而用。

从表面上看，老鹰和鸭子极其相似。而本质上，它们却有天壤之别。两种动物都会飞，但老鹰在高空盘旋的同时，鸭子只能紧依在水面生活。老鹰不会有太多的鸣叫，它们在高空盘旋，目光犀利寻觅猎物，并以最快的速度捕获猎物。而鸭子只会嘎嘎的叫，换句话说，除了只会嘎嘎叫以外，它什么都不会做。

在公司里，你要懂得辨识老鹰和鸭子。只会嘎嘎叫的鸭子，通常会找一些理由及借口来掩饰自己的错误及无能，或是没有意义的话和抱怨。在处理问题时，光说不练，缺乏执行力，于事无补。好一点的鸭子会将问题反映出来，但是基本上不会提出解决问题的良方。老鹰可就不同了，老鹰不仅会主动去发掘问题，而且还会主动去寻求最快且最有效率解决问题的方法，所以对公司的贡献也最大。因此对于识货的老板来说，拥有一只老鹰远胜过拥有十只甚至更多的鸭子。

下面的一些列举更能说明老鹰和鸭子的不同之处：

1. 鸭子会说：这我可做不到；老鹰会问：我如何才能做得到？

2. 鸭子不到必要绝不做事，大多是连一次都不做；老鹰会多飞几里，他们付出的比得到的多。

3. 鸭子工作缓慢。它们的工作准则是：我是来工作的，又不是来逃难的；老鹰的准则则是：尽快完成所有的事。

4. 鸭子光靠嘴上功夫，找借口不做事更是一流；老鹰时时学习，努力做事。

5. 鸭子很会找借口；老鹰会找解决方法。

6. 鸭子在每个机会里找问题；老鹰从每个问题里看见机会。

7. 鸭子把精力都用在问题上，而且只会空谈；老鹰把时间摆在解决方法上，并且会实践。

8. 鸭子的生活圈只有一个小池塘；老鹰可以登高峰。

在企业中往往还存在一些“无所不能的狐狸”。他们自称无所不能，总认为自己是大材小用，企业没有给他发挥才能的舞台，然而，当企业要使用他们，让他们肩负却做不出任何成绩，甚至会破坏整体计划。森林里要举行运动会，比赛的项目有赛跑、飞行、爬树和游泳。动物们纷纷报名参加，狐狸也来了，它自称无所不能，要求参加所有的项目。

最先比赛的是赛跑，兔子下子窜了出去，到了终点，高兴地吃了两个胡萝卜之后，狐狸才跌跌撞撞地跑过来。之后是飞行，燕子、鸽子一转眼就飞得没影了，狐狸扑腾着飞了几米远就落了下来，摔了个嘴啃泥；爬树比赛时，狐狸刚爬到树腰就摔了下来；比赛游泳时，狐狸刚游了一点儿就差点被淹死了。

狐狸虽然自称无所不能，可一到用的时候却没有一样是中用的。

因此，一个优秀的管理者要有善于识人的慧眼，吸纳那些有真才实学的人加入到企业中来，同时还要根据他们的特点，让他们做适合自己的工作。

腾讯人是一群富有想象力的年轻人，他们对中国互联网的未来充满信心，并在腾讯实现理想。这群年轻人不需要不切实际的鼓励，我们一起想的是如何把用户体验做得更好。

腾讯创始之初，李华是最早进入腾讯的外地大学生。他 2000 年大四没毕业，就到腾讯华强北办公室毛遂自荐。李华在学校是“叱咤风云”的人物，他曾担任该校的计算机协会主席，学习成绩优秀，专业又对口，又有社团经验和动手能力，语言表达能力也很不错。因此，他自然而然地进入了腾讯。

李华可说是一个“香饽饽”，当时他收到过多家著名公司的录用通知，如深圳发展银行和华为。但最终，李华却选择了腾讯——一家在当时看来随时都可能垮掉的小公司。在今天看来，我们不得不佩服李华的眼光独到。而李华自己却说当时只是一腔热血，所以选择了腾讯。直觉告诉他，腾讯的看家产品 OICQ 是个能满足用户需求的好产品，就算公司夭折，它也会死得很灿烂。另外，让李华感受颇深的是，腾讯创业者们之间的那种亲密无间。腾讯创始人的随和态度和企业激情深深吸引了李华，所以他选择了腾讯公司。

在 2008 年奥运计划成功实施以后，李华便辞职离开了腾讯。在他离开腾讯后，有多家互联网公司都想聘请他，有的是腾讯的竞争对手，有的甚至以 CEO 的位置利诱。但是，这些都被李华拒绝了。

冯磊也是早期投奔腾讯的员工。他在 1999 年毕业于重庆某大学，进入腾讯之前曾就职于重庆天极网。当时他看到腾讯招编辑的广告后，就直接加了马化腾的 OICQ 号，通过 OICQ 了解腾讯编辑的岗位要求和薪酬后，他决定加入腾讯。

冯磊也是很有实力的人，他是腾讯招聘的第一个编辑和 UI（用户界面）设计人员，他的到岗时间是 2000 年春天，此外他也参与了腾讯首页的设计。在设计腾讯首页的过程中，马化腾细心、认真、创新的做事风格，给冯磊留下的印象非常深刻。以至于多年以后，冯磊对马化腾在改版会上提出的一个个犀利的问题念念不忘，而马化腾为人做事的方法至今都影响着冯磊。

对于一个企业来说，除了优秀的产品，更重要的是领导者的热情和人格魅力的吸引力，这种吸引力能够吸引到更多优秀的员工。

拖延——进取心的致命点

“领导才能”是获得成功的基本条件，而“进取心”则是建立“领导才能”这个基本条件的基础。两者的关系就有如轮辐与车轴。

拿破仑·希尔告诉我们，进取心是一种极为难得的美德，它能驱使一个人在不被吩咐应该去做什么事之前，就能主动地去做应该做的事。胡巴特对“进取心”作了如下的说明：

“这个世界愿对一件事情赠予大奖，包括金钱与荣誉，那就是‘进取心’。”

“什么是进取心？我告诉你，那就是主动去做应该做的事情。”

“仅次于主动去做应该做的事情的，就是当有人告诉你怎么做时，要立刻去做。”

“更次等的人，只在被人从后面踢时，才会去做他应该做的事，这种人大半辈子都在辛苦工作，却又抱怨运气不佳。”

“最后还有更糟的一种人，这种人根本不会去做他应该做的事，即使有人跑过来向他示范怎样做，并留下来陪着他做，他也不会去做。他大部分时间都在失业中，因此，易遭人轻视，除非他有位有钱的老爸。但如果是这个情形，命运之神也会拿着一根大木棍躲在街头拐角处，耐心地等待着。”

“你属于上面的哪一种人呢？”

如果你想成为一个具备进取心的人，你必须克服拖延的习惯，把它从你的个性中除掉。这种把你应该在上星期、去年或甚至于十几年前就要做的事情拖到明天去做的习惯，正在啃噬你意志中的重要部分，除非你革除了这个坏习惯，否则你将难经取得任何成就。

克服拖延的习惯，可以使用下列方法：

1. 每天从事一件明确的工作，而且不必等待别人的指示就要能够主动去完成。

2. 到处去寻找，每天至少要找出一件对其他人有价值的事情来做，而且不要期望一定要获得报酬。

3. 每天要把养成这种主动工作习惯的价值告诉别人，至少也要告诉一个人。

学着不为报酬而工作

拿破仑·希尔曾经聘用了一位年轻的小姐当助手，替他拆阅、分类及回复他的大部分私人信件。当时，她的工作是听拿破仑·希尔口述，记录信的内容。她的薪水和其他从事相类似工作的人大约相同。有一天，拿破仑·希尔口述了下面这句格言。并要求她用打字机把它打下来："记住：你唯一的限制就是你自己脑海中所设立的那个限制。"当她把打好的纸张交还给拿破仑·希尔时，她说："你的格言使我获得了一个想法，对你、我都很有价值。"

这件事并未在拿破仑·希尔脑中留下特别深刻的印象，但从那天起，拿破仑·希尔可以看得出来，这件事在她脑中留下了极为深刻的印象。她开始在用完晚餐后回到办公室来，并且从事不是她分内而且也没有报酬的工作。她开始把写好的回信送到拿破仑·希尔的办公桌来。

她已经研究过拿破仑·希尔的风格，因此，这些信回复得跟拿破仑·希尔自己所能写的完全一样好；有时甚至更好。她一直保持着这个习惯，直到拿破仑·希尔的私人秘书辞职为止。当拿破仑·希尔开始找人来补这位男秘书的空缺时，他很自然地想到这位小姐。但在拿破仑·希尔还未正式给她这项职位之前，她已经主动地接收了这项职位。由于她在下班之后，以及没有支领加班费的情况下，对自己加以训练，终于使自己有资格出任拿破仑·希尔属下人员中最好的一个职位。

但尚不只如此而已。这位年轻小姐的办事效率太高了，因此引起其他人的注意，开始提供很好的职位请她担任。拿破仑·希尔已经多次提高她的薪水，她的薪水现在已是她当初来拿破仑·希尔这儿当一名普通速记员薪水的四倍。对这件事拿破仑·希尔实在是束手无策，因为她使自己变得对拿破仑·希尔极有价值，因此，拿破仑·希尔不能失去她做自己的帮手。

这就是进取心。另外值得注意的是，这位年轻的小姐的进取心，除了使她的薪水大为增加外，还为她带来一个莫大的好处。在她身上，已经发展出来一种愉快的精神，为她带来其他速记员永远无法领会的幸福感。她的工作已经不是工作了——而是一个极为有趣的游戏，由她自己去玩。甚至即使比一般的速记员提早来到办公室，而且在她们一听到钟敲五点钟而下班之后，她还留在办公室内，但是，比较起来，感觉上，她的工作时间反而比其他工作人员为短。对于喜欢份内工作的人来说，辛勤工作的时间并不难挨。

不管你目前是从事哪一种工作，每一天你一定要使自己获得一个机会，使你能在平常的工作范围之外，从事一些对其他人有价值的服务。在你自动提供这些服务时，你当然明白，你这样做的目的并不是为了获得金钱上的报酬。你之所以提供这种服务，因为它是你练习、发展及培养更强烈的进取心的一种方式。你必须先拥有这种精神，然后才能在你所选择的终身事业中，成为一名杰出的人物。

人们会追随积极进取的人

一个人为了使别人能够相信，而一直重复诉说一件事情，到最后他自己也会相信这种说法，而且，不管这种说法是真是假，都会产生相同的效果。

因此，你现在可以看得出来，使你自己“谈话进取、思想进取、吃饭进取、睡觉进取以及作事进取”，实际上有着莫大的好处，你将成为一个具有进取心及领导才能的人，因为，这已是一项众人熟知的事实：人们将会迅速、乐意，而且自动地追随一个在行动上表现出进取心的人。在你所工作的地方，或是你所居住的社区里，你会和其他人有所接触。你要尽量去引起愿意听你说话的每一个人的兴趣，要他们愿意去发展进取心，你要把这当作是你分内的工作。你用不着去解释你这样做的原因，也用不着去宣布你正在做什么。你只要继续进行，努力去做即可。当然，你自己将会明白，你之所以这样做，是因为这样做可以帮助你，而且对于在你影响之下同样努力的人来说，也是有百利而无一害的。

如果你希望进行一项对你有趣又有益的实验，你不妨从你所认识的人当中，挑选出几个人来，但这些人必须是你已经确实知道他们从未主动做过任何事的人，然后，开始把有关“进取心”的想法向他们灌输。不要只是和他们讨论过一次就算了，只要一有机会，就要和他们讨论一番。每一次从各种不同的角度来进行讨论。如果你能以一种机敏而且坚强的态度来进行这项实验，那么，你将很快发现，你所进行实验的这些对象将会有所改变。同时，你还将发现另一个重要的现象：你自己也起了变化。不要忘了尝试这项实验。你无法以进取的精神和其他人谈话，除非你自己培养出强烈的要这样做的欲望。你运用自我暗示原则而向其他人提出的每一种说法，都会在你自己的潜意识中留下极为深刻的印象，不管你说的是真还是假，都是如此。

进取心，就是驱使一个人在不被吩咐该做什么事情之前即主动去做应做之事，它可以激发人抗争命运的力量，是取得成功和创造卓越的动力。

进取心不仅是生命中的动力，人生价值的自我体现，进取心是一种求知欲望，也有一些好奇心，想进一步获取新的知识，不断充实自己提高自己，让自己能更好体现其价值。

进取心可以让人的思维活跃，可以使人知识广泛与渊博，这样的人不管有没有所谓的成功及地位，在周围环境的人群中必将受到尊重，其自身价值就完全可以体现出来。

进取心可让人感情丰富，由于不断更新的知识，会使人容纳更多的东西，视野更为开阔、心胸更为宽敞。人生伴侣双方如都有进取心，更能增进情感，消除了因时间长枯操单调的情景，不断更新生活的题材，有永远说不完的话题，保持良好的沟通，让双方情感不会枯竭，保持永远年轻活跃状态，让生活更加丰富多彩。

进取心可以延长人的生命，促使人有强烈的求知欲，让人想多活几年、多了解世界。就是无法真实的寿命延长，但由于能得到更多的知识，对世间事态更多了解与更明朗，就不会浪费生命，就等于延长了生命。

一个人在工作上的进取心，取决于他的职业目标。强烈追求提高自身价值，不断充实自己，吸收新的知识，与时代俱进，尽量保持不让时代淘汰，而不断创新体现在社会中自身的价值，不断地提升进取心。进取心是使个体具有目标指向性和适度活力的内部能源，认真而持久的工作是个体事业成功的前提，而具有进取特质的个体也就具有了职业成功的心理基石。责任心强的人常能够审时度势选择适度的目标，并持久地、自信地追求这个目标，责任心强的人事业容易成功。进取心是成功者的发动机，是你成功的阶梯和要素，是搭建在平凡和杰出之间的一座桥梁，是能够获得打开成功之门的密匙。培养锻炼出进取性的品格，搭上通向辉煌之路的天梯，实现自己的价值。

第六课

拥抱变化，大胆创新
——马化腾谈“多元化模式”

腾讯有幸在大浪潮里能够有这么好的一个机遇，包括现在和未来都会有很多新的机遇涌现，更关键还是靠人的意识，是不是真正能去把握好的机遇。

——马化腾

刘绍勇牵手马化腾

在下一个十年，腾讯各板块业务，要由“跑得较好”变成“跑得最好”。

据媒体报道，腾讯公司创办的财付通已正式和东航签署战略合作协议，成为第一家与东航实现全面战略合作的第三方支付公司。

东航集团总裁刘绍勇认为，信息化对于航空公司意义重大，如果做不到这一点，就永远是被动挨打的“打工者”，现在的航空公司就是在为携程打工。在刘绍勇公开表示希望见见马云后，市场普遍认为东方航空公司与马云支付宝的合作指日可待。

然而，大家都觉得刘绍勇东航与马云阿里巴巴的合作势在必行之时，马化腾却先下手为强，刘绍勇也迈出了自己不为代理商打工的第一步。

有统计数字显示，2008 年，东方航空公司的在线订票业务中通过航空公司网站购票的客户只有3.5% ~4%，也就是说东航的网上直销业务很不理想，因此航空公司一直在努力改变这种糟糕的状况。据了解，财付通作为第一家与东航实现全面战略合作的第三方支付公司，双方将在机票在线订购支付、联合机票平台运营、商旅分销结算等方面进行深度合作，为旅客和代理人购票、支付提供更完善的服务。

在双方正式签署协议之后，财付通也开始正式上线进行支付服务。据悉，财付通将为东航提供的服务包括全面的支付结算平台，旅客只需登录 QQ 即可进行机票查询、订购、并可预先在网上选择座位，自助办理登机手续等。同时，财付通在国内所涵盖的近 30 家网上银行支付渠道将会解决东航复杂的机票分销结算服务，这大大降低了东航网上直销的经营成本。

据称，东航与财付通还将合作设立一个机票专区，并联合开展相应的服务。东航将通过多种网上支付通道实现更完善的 B2B 商旅分销结算，同时也给顾客带来更便捷的服务。

随着经济发展的全球化，人们的需要也是千变万化，一个公司的服务不可能满足所有人的需要，即使是在一个领域也不可能满足不同人群的特殊需要。选择与其他企业合作是业务互补的一个重要渠道，借助别人的服务满足自己公司与顾客之间更好的沟通与服务，也是公司发展的一种趋势。

懂得辨识“最短的木板”

众所周知，一只木桶盛水的多少，并不取决于桶壁上最高的那块木板，而恰恰取决于桶壁上最短的那块木板。人们把这一规律总结成为“木桶定律”。

根据这一核心内容，“木桶定律”还有三个推论：

其一，只有当桶壁上的所有木板都足够高时，木桶才能盛满水；只要这个木桶里有一块不够高度，木桶里的水就不可能是满的；

其二，比最低木板高的所有木板的高出部分是没有意义的，高得越多，浪费就越大；

其三，要想提高木桶的容量，应该设法加高最低木板的高度，这是最有效也是唯一的途径。

与木桶定律相似的还有一个链条定律：一根链条最薄弱的环节和其他环节一样承受着相同的强度，那么链条越长，就越薄弱。

由此我们也可以得到一些启示：

启示 1：改变木桶结构可增加储水量

从木桶原理中，我们可以发现，木桶的最终储水量，不仅取决于最短的那块木板，还取决于木桶的使用状态和木板间的衔接与配合。在特定的使用状态下，通过相互配合，可在一定程度上增加木桶的储水量，比如：有意识地把木桶向长板方向倾斜，木桶的储水量就会比正立时多得多；或为了暂时地提升储水量，可以将长板截下补到短板处，从而提高木桶储水量。

启示 2：通过激励让“短木板”变长

毫无疑问，在企业中最受欢迎、最受关注的是明星员工，即少数能力超群的员工。管理者往往器重明星员工，而忽视对一般员工的利用和开发。这样做很容易打击团队的士气，从而使“明星员工”的才能与团队合作两者间失去平衡。想要避免这个问题，管理者就需要多关注普通员工，特别是对那些“短板员工”要多一些鼓励、多一些赏识。

启示3：别让“短板”葬送自己

如果把木桶比做人生，那么“短板”实际上就是我们生命中的一些弱点。比如，很多人不注意个人习惯，导致在生活和工作中出现失误。缺点和毛病就是人的“短板”，因为它们的存在，制约了一个人才能的发挥。

逆境中求机遇

“真金不怕火炼”。在顺境中，也许让我们更易接近和实现目标。然而，顺境中的人们往往如温室里的花朵，一旦离开了玻璃房便会很快枯萎。要看一个人是不是真金，就要看他是否可以在逆境中求生存。

不逼自己一把，你永远不会知道自己有多优秀。同样，身处顺境时，你不会知道自己能不能经得起考验。只有那些在逆境中仍能茁壮成长的人，才是“真金”。

“天将降大任于斯人也，必先苦其心志，劳其筋骨，饿其体肤，空乏其身，行拂乱其所为，所以动心忍性，曾益其所不能。”孟子的这句话，清楚地告诉我们，古往今来成就大事业的人，无不历经磨难，是在逆境中成长过来的。

逆境磨练意志。是的，一个人之所以能走向成功，必不可少的是坚定的意志，还记得黑色羚羊鲁尔·玛道夫吗？有谁能够想象一个曾经身患小儿麻痹症，连走路都很艰难的小女孩如今却站在辉煌的奥运颁奖台上享受着王者的荣光？然而她的确做到了，她用一次次跌倒与一次次艰辛地爬起铺就了自己走向成功的路。这路上的坎坷与荆棘，我们常人是无法想象的。可正是这种逆境造就了她坚强的意志，成就了她辉煌的一生。

逆境是磨刀石，逆境是试金石，逆境是助推器，只要我们在逆境面前迎难而上，直面挫折，定能成就完美的人生。

生活中难免会遇到挫折，如果把注意力全部放在得失上，长久以来就会失去斗志，变得逃避；对这些伴随左右的困难，便认定是自己的无能所致。于是责怪自己，怨恨自己，不仅在心理上处于极度压抑的状态，体能上也处于一种被击垮的状态。自卑者，常常是过多在意与他人进行非现实的比较，他们过分看重自己的缺点、问题和短处，由于人为地把自己的不足无限放大，以致钻进了苦恼编制的囚笼。当苦恼的情绪占主导地位时，容易忘记自己的优点、成绩和长处。同样的挫折面前，有人惊慌失措、有人从容不迫，有人徘徊不前、有人越挫越勇……人们的行为大相径庭。

挫折不可怕，关键是我们要把挫折化为前进的动力。适度的挫折具有一定的积极意义，它可以帮助人们驱走惰性，促使人奋进。挫折又是一种挑战和考验。英国哲学家培根说过："超越自然的奇迹多是在对逆境的征服中出现的。"关键的问题是应该如何面对挫折。

遇到了挫折尤其不能退缩，就算像鸵鸟一样逃避，挫折依旧在那里，不会自行消亡。而在挫折面前只有两件事可做：直视它，然后消灭它。

在我们觉得自己经历了很大的挫折和失败天都要塌下了之前，请先看一个人的事迹：

他 22 岁做生意失败，23 岁竞选州议员失败，24 岁做生意再次失败，27 岁精神崩溃，29 岁竞选州议长失败，34 岁竞选国会议员失败，35 岁当选州议员，39 岁竞选国会议员再次失败，46 岁竞选参议员失败，47 岁竞选副总统失败，49 岁竞选参议员再次失败，51 岁当上美国总统。

看到这样坎坷的一生，也许，你已经想到了，他就是美国总统亚伯拉罕·林肯。如果林肯没有直视挫折的勇气，也许他永远不会出现在历史的长河中。在逆境中寻找机遇，不失为一种良策。

两只青蛙——老青蛙和它的儿子小青蛙，一不小心掉入了一桶牛奶中。为了求生，它们不停地游呀，游呀，游了好长时间还是看不到希望。

老青蛙游得越来越慢，就对儿子说："我累了，游不动了。我快淹死了。"

小青蛙不停地鼓励老青蛙："不，继续游。继续游，就会出现奇迹，要有信心。"

可是，半个钟头后，青蛙爸爸还是停下来了，泄气了，结果沉到牛奶桶底。

而青蛙儿子则继续不停地游下去，被搅拌的牛奶慢慢形成一个黄油球，不久，它脚下的黄油球变硬了，它将这个“球”当作平台，纵身一跳，竟然跃出了那个牛奶桶。

在所有危险中，不要忘记里面也包含着机会。救星就在这个机会中，而机会是人去创造的。“危机”这个词本来应解释为危险和机遇的，就如同挑战一样，看似危机重重，前途未卜，但是我们不要忘了人生路上的“山重水复疑无路，柳暗花明又一村”。当然，这也需要我们不畏挑战，不懈奋斗，才能在绝境中找回一条成功登上顶峰的小路。也许这条路还是一条捷径，可以一次让我们取得成功的机遇。只是，在找到之前，也许我们会辛苦一点，要像掉进牛奶中的小青蛙一样，不断地为着脱离险境而努力地游，直到掩藏在挑战中的机遇露出它的真面目。所以，不要抱怨生活中没有机遇，只有不断地挑战，岂不知那些机遇有时就孕育于挑战之中。

把握时机叩响机遇大门

有时候，我们往往会犯一个致命的错误，眼见机遇溜走却抓不住它。这关键在于时机把握得不准。当机遇敲门的时候，要是犹豫着该不该起身开门，它就去敲别人的门了。

在人的一生中，机遇不可能一次也不会降临，人们的生活中间到处存在着机遇，只要你留心它，就会发现机遇，抓住机遇。然而当机遇发现你并不准备接待它的时候，它就会从你的眼皮底下滑过。能否善于抓住机遇，是一个人成功与否的重要条件。机遇往往是偶然的，稍纵即逝。因此，要抓住机遇，就必须有一个精明的头脑详细地研究，细心地观察，捕捉机会。

一天，在西格诺·法列罗的府邸正要举行一个盛大的宴会，主人邀请了一大批客人。就在宴会开时的前夕，负责餐桌布置的点心制作人员派人来说，他设计用来摆放在桌子上的那件大型甜点饰品不小心被弄坏了，管家急得团团转。这时，西格诺府邸厨房里干粗活的一个仆人走到管家的面前怯生生地说道：“如果您能让我来试一试的话，我想我能造另外一件来顶替。”“你?”管家惊讶地喊道，“你是什么人，竟敢说这样的大话?”“我叫安东尼奥·卡诺瓦，是雕塑家皮萨诺的孙子。”这个脸色苍白的孩子回答道。“小家伙，你真的能做吗?”管家将信将疑地问道。“如果您允许我试一试的话，我可以造一件东西摆放在餐桌中央。”小孩子开始显得镇定一些。仆人们这时都显得手足无措了。于是，管家就答应让安东尼奥去试试，他则在一旁紧紧地盯着这个孩子，注视着他的一举一动，看他到底怎么办。这个厨房的小帮工不慌不忙地要人端来了一些黄油。不一会儿工夫，不起眼的黄油在他的手中变成了一只蹲着的巨狮。管家喜出望外，惊讶地张大了嘴巴，连忙派人把这个黄油塑成的狮子摆到了桌子上。晚宴开始了。客人们陆陆续续地被引到餐厅里来。这些客人当中，有威尼斯最著名的实业家，有高贵的王子，有傲慢的王公贵族们，还有眼光挑剔的专业艺术评论家。但当客人们一眼望见餐桌上卧着的黄油狮子时，都不禁交口称赞起来，纷纷认为这真是一件天才的作品。他们在狮子面前不忍离去，甚至忘了自己来此的真正目的是什么了。结果，这个宴会变成了对黄油狮子的鉴赏会。客人们在狮子面前情不自禁地细细欣赏着，不断地问西格诺·法列罗，究竟是哪一位伟大的雕塑家竟然肯将自己天才的技艺浪费在这样一种很快就会熔化的东西上。法列罗也愣住了，他立即喊管家过来问话，于是管家就把小安东尼奥带到了客人们的面前。当这些尊贵的客人们得知，面前这个精美绝伦的黄油狮子竟然是这个小孩仓促间做成的作品时，都不禁大为惊讶，整个宴会立刻变成了对这个小孩的赞美会。富有的主人当即宣布，将由他出资给小孩请最好的老师，让他的天赋充分地发挥出来。西格诺·法列罗果然没有食言，但安东尼奥没有被眼前的宠幸冲昏头脑，他依旧是一个淳朴、热切而又诚实的孩子。他孜孜不倦地刻苦努力着，希望把自己培养成为皮萨诺门下一名优秀的雕刻家。

也许很多人并不知道安东尼奥是如何充分利用第一次机会展示自己才华的。然而，却没有人不知道后来著名雕塑家卡诺瓦的大名，也没有人不知道他是世界上最伟大的雕塑家之一。

机会不会自动地找到你，你必须不断而又醒目地亮出你自己吸引别人的关注才有可能寻找到机会。但是第一步必须让人发现你，进而赏识和信仰你。因此，你必须勇于尝试，一次次地去叩响机会的大门，总有一扇会为你打开的。机会到来的时候，要及时把握，一旦失去，再想寻找机会就难上加难了。因此，关键时刻一个人的表现，往往决定了事情的成败。在这个时候，不能退缩，不能无主见，而要敢于拍板，表现出非凡的魄力和决策能力。

一个人善于当机立断，才能在复杂多变的情况下，应付自如。艾森豪威尔就是在紧急关头善于当机立断，取得成功的典范。

美国第34任总统、五星上将艾森豪威尔，1944年6月6日在诺曼底登陆前夜，表现出了非凡的决策魄力，使诺曼底登陆战役取得辉煌胜利，从而扭转了整个战局，沉重地打击了法西斯势力。

抓住机遇，把握人生

一次偶然的机会，人生与机遇碰在了一起，于是就发生了下面的一段交谈：

人生盛气凌人地对机遇说："你是我的属下，是我的力量促使你能够被人们所接受，所以你要服从我的指挥。"

机遇有些不服气，反驳说："我们是互相依存的关系，没有我，你就不会有闪光点。"

人生说："离开你我依旧会有闪光点！我不需要你。"

二者争论不休，话不投机。于是，机遇离人生而远去。

结局是：

人生因为没有机遇而暗淡。

机遇因为没有人生而消逝。

哲人说："人生因为机遇而精彩，机遇因为人生而辉煌。"

一位父亲对赋闲在家的儿子说："对于人生，机遇像个小偷，到来时无声无息，走时你却损失惨重。对于机遇，人生是一个大舞台，抓住机遇，人生才会丰富起来，大放光彩。"

1955年，比尔·盖茨出生在美国西部美丽的城市西雅图。11岁时，盖茨进入西雅图最著名的一所私立中学学习。这时正是计算机悄然兴起之时，湖滨中学花巨资购置了一台计算机供学生们了解、学习。好学的盖茨很快就迷上了计算机。

1973年，盖茨被哈佛录取。哈佛是世界著名大学，这里云集了全美乃至世界各地的优秀学生。

1974年，第一台个人电脑问世的消息激发了盖茨的全部激情。他决定从哈佛退学，投入到这一场计算机浪潮之中。因为这是一次百年不遇的机会。

1975 年，盖茨和他的好朋友保罗终于成立了自己的公司。他们将自己的公司取名为微软公司。此时的微软虽然还没有形成大的气候，但是盖茨以及他的朋友在计算机界已小有名气。

1981 年，当时最大的计算机公司 IBM 公司正式展出其新型个人计算机，轰动一时。而更引人注目的是，为 IBM 公司提供语言程序的正是年轻的盖茨领导下的微软公司。经过不懈的努力，微软取得了最终的胜利，在 IBM 个人电脑问世半年后，微软正式成为个人电脑软件方面的领导者。年仅 26 岁的盖茨也一举成名。

如今，盖茨已登上计算机软件世界的巅峰，成为新一代美国青年崇拜的偶像人物。从哈佛退学，这需要多么大的毅力和勇气。然而盖茨抓住了机遇，所以他成功了。

1992 年，第 25 届奥运会在西班牙巴塞罗那举行。该市一家电器商店老板在赛前向巴塞罗那市民宣称：“如果西班牙运动员在本届奥运会上得到的金牌总数超过 10 枚，那么顾客自 6 月 3 日到 7 月 24 日，凡在本商店购买电器，就都可以得到全额退款。”

这个消息轰动了巴塞罗那。人们争先恐后地到那里购买电器，商店的销售量激增。尤其，才到 7 月 4 日，西班牙运动员就获得了 10 金 1 银。于是，人们比以前更加卖力地抢购电器。

据估计，电器商店的退款将达到 100 万美元，看来老板是非破产不可了！可老板却从容不迫地说：“从 9 月份开始兑现退款。”

“这是为什么？他能退得起吗？”人们的心里难免有疑问。

原来老板早做了安排。在发布广告之前，他先去保险公司投了专项保险。保险公司认为不可能超过 10 枚金牌，就接受了这个保险。

这是一个旱涝保收、只赚不赔的保险。如果西班牙运动员得到的金牌总数不超过 10 枚，那么电器商店显然发了一笔大财，保险公司也无须赔偿。反之，金牌总数超过了 10 枚，那么电器商店要退的货款将全部由保险公司赔偿，与电器商店毫无关系，那么电器商店无疑发了更大一笔财。

最能干的人就是善于攫取机会，运用机会，征服机会，驾驭机会为自己服务的人。

秦末，刘邦和项羽先后攻入咸阳。当时，项羽率部40万驻扎在咸阳外的新丰鸿门，刘邦率部10万驻扎在霸上，两军相距很近，此时的项羽气势正盛，消灭刘邦的势力可谓易如反掌。谋士范增献计给项羽让他在鸿门设宴招待刘邦，其间借机把刘邦杀掉，以绝后患。但是，在“鸿门宴”上，项羽优柔寡断，一再放弃杀掉刘邦的机会。然后，他听信项伯的“仁义”之说，放走当时处于绝对劣势的对手，并封刘邦为“汉王”。随后，项羽又从咸阳引兵东归彭城，打算回乡炫耀一番，以致贻误战机。刘邦的势力日益壮大。最终，四面楚歌之声把一代西楚霸王逼得洒泪与心爱的虞姬诀别，落得个乌江自刎的结局，令人欷歔。

仔细分析一下，项羽兵败身亡的悲剧固然还有其他许多主客观因素，但这与他在鸿门坐失良机不无关系。当项羽在鸿门放走刘邦时，范增曾愤然地说：“竖子不足与谋也（实在不能与这小子谋划大事）！”1949年4月，毛泽东在指挥解放军渡江追击国民党军队的前夕，曾在他的一首诗中，总结项羽失败的教训：“宜将剩勇追穷寇，不可沽名学霸王。”

16岁的麦克斯韦初到剑桥时，一切都觉得新鲜。这一时间，他专攻数学，读了大量的专门著作。不过，他读书不大讲系统性。有时候，为了钻研一个问题，他可以接连几个星期什么事都不干；有时候，他又可能见到什么读什么，漫无边际。

这个善于学习和思考的年轻人，需要名师点拨，才能放出异彩。幸运的是，一次偶然的机会，麦克斯韦果然遇到了一位好老师，这就是霍普金斯。霍普金斯是剑桥大学的数学教授，一天，他到图书馆借书，他要的一本数学专著不巧被一位学生先借走了。那书是一般学生不可能读懂的，教授有些奇怪。他询问借书人的名字，管理员答道“麦克斯韦”。教授找到麦克斯韦，看见年轻人正埋头摘抄，笔记本上涂得五花八门，毫无头绪，房间里也是乱糟糟的。霍普金斯不禁对青年产生了兴趣，诙谐地说：“小伙子，如果没有秩序，你永远成不了优秀的数学家。”从这一天开始，霍普金斯成了麦克斯韦的指导教授。

霍普金斯很有学问，培养过不少人才。麦克斯韦在他的指教下，首先克服了杂乱无章的学习方法。霍普金斯对他的每一个选题，每一步运算都要求很严。这位导师还把麦克斯韦推荐到剑桥大学的尖子班学习。经这位优秀数学家的指点，麦克斯韦进步很快，最后终于成为一代科学大师。

牛顿抓机遇，苹果砸到他的头上落地的一刹那，发现了“万有引力定律”。

苏珊·海沃德长得很漂亮。她的青年时代，正是好莱坞的主要制片公司发展的全盛时期。她像其他的童星一样，当年怀着成为好莱坞电影明星的梦想，当上了合同演员。在进入好莱坞的最初几个月中，面对的不是摄像机而是照相机。她穿着泳装，日复一日地摆弄出千姿百态，为广告作模特儿。她那充满魅力的微笑，随着报纸杂志的广告传遍五洲四海。

然而苏珊一直得不到当演员的机会，当她询问老板时，得到的回答总是：“耐心地等一等，总有一天会推荐你的。”

有一次，机会突然来了。1938 年，派拉蒙公司在洛杉矶举行全国性的影片销售会。苏珊接到旅馆舞厅的通知，舞厅里来了很多电影院的老板和来自各州的商人。影星们进入舞厅之前，派拉蒙公司对自己的影片已进行过大肆宣传。

影星们一个接一个与观众见面。当苏珊出场时，会场上发出了一片欢呼。她此前还没意识到这是一次机会。她面对观众，像对老朋友们一样微笑着说：“我知道你们都认识我，你们中有谁见过我的照片？”台下立即有许许多多的人举起了手。

“有人看过我在电影里的形象吗？”没有人举手，只有笑声。

苏珊趁热打铁，发问到：“你们愿意看我在电影中的形象吗？”

会场上响起了雷鸣般的掌声，代替了回答。

苏珊这一计即兴拈来，大获全胜，于是她说：“那么，诸位愿意捎个话给制片公司吗？”

这是一次民意测验，那么多观众的代表想看苏珊在电影中的形象，制片公司的老板得到这一民意测验的结果，完全可以判断，如果请苏珊出演影片，此片一定走俏。于是苏珊不久之后便受聘出演，上了银幕，成了大明星，荣获了奥斯卡金奖。

难道你不认为苏珊是一个善于抓住机会、一举成名的高手吗？不但成名需要抓住机遇，赚钱也不例外，就要看你善不善于抓住机遇了。

现实生活中，我们常常会遇到一些不确定、有风险的事情，这就要求你有敢想敢干、敢冒风险的精神和当机立断的拍板魄力。“当断不断，必受其乱”。盘算是不能一拖再拖的，它需要在有效的时间地点内完成。否则，正确的盘算一旦错过了时机，就会铸成错误。

华裔电脑名人王安博士，声称影响他一生的最大教训，发生在他 6 岁之时。

有一天，王安在外面捡了一只小麻雀，他很喜欢，决定把它带回去喂养。王安回到家，走到门口，忽然想起妈妈不允许他在家里养小动物。所以，他轻轻地把小麻雀放在门后，匆忙走进室内，请求妈妈的允许。在他的苦苦哀求下，妈妈破例答应了儿子的请求。不料，等王安出去时，小麻雀已经被一只猫吃了。

王安为此伤心了好久，并由此得到了一个很大的教训：只要是自己认为对的事情，绝不可优柔寡断，必须马上付诸行动。不能做决定的人，固然没有做错事的机会，但也失去了成功的机会。

创新是企业的命脉

创新就是不老套。别人有的，自己也弄，不叫创新。

创新对企业管理的重要性：

1. 创新是企业的活力之源。没有创新，死水一潭，无法前进。稍有前进，又要退回来。研究许多成功的企业，他们成功的秘诀都离不开创新。企业要在今天风云莫测的世界上生存下去，必须具有两种能力：一是快速感觉能力，嗅觉要灵敏，时刻要保持对趋势与潮流的敏感；二是快速反应能力，要有闻风而动的本领，否则，一着棋不慎，会导致满盘皆输。

2. 创新是企业致胜的法宝。每一个企业都在极尽研究消费者的需求，不断地实施创新。中国有句俗语，叫“一招鲜，吃遍天”。就是说，你总要拿出自己的“绝活”，做到“人无我有，人有我精”，这样，才能经受住市场的考验，进而把握市场，创造市场。纵观我们中华民族，曾是世界上最具创新意识和创新能力的民族，所创造的灿烂文明，令整个世界为之喝彩。然而到了今天，在几十年墨守成规的封闭运行中，创新意识和创新能力蜕变得所剩无几，创新产品更是寥寥可数。日本、美国、德国有那么多驰骋世界、如雷贯耳的品牌，让我们不寒而栗。亚洲四小龙后来居上，创新力咄咄逼人。其实，我们不是没有创新能力，而是习惯于躺在功劳簿上，以文明古国津津乐道，才被人家甩在后边。这种贪恋祖荫、不识进取的行为，其结果必然是“吃祖宗饭，断子孙路”。改革开放，国门洞开，许多有识之士已不再无动于衷，而是奋起直追。所以，要使企业进步，就要努力实施创新。

3. 注重创新，就必须有效地整合利用资源。美国著名经济学家德鲁克有一句名言，他说，“创新不在于你拥有多少资源，而在于你是否能有效地整合、利用全球范围内的资源”。此言极是。今天的创新已不在于你拥有多少资源，拥有多少技术，拥有多少人才，而在于你的创新能力的高低。资源变不成商品，技术走不上市场，人才不创造生产力，你拥有的愈多，浪费的就愈严重，如何能谈上有竞争力？试想，目前的竞争打的是全球仗，打经济一体化战役。在这场不见销烟，平静中寓惊雷的战役中，竞争是高层次的，对手在似无感觉之中，就可能败下阵来。面对如此形势，不再进行创新，恐怕就要在劣势的泥潭里越陷越深了。

创新是一个企业生存和发展的灵魂。对于一个企业而言，创新可以包括很多方面：技术创新、产品创新、管理创新、服务创新、体制创新、思想创新。简单来说，技术创新可以提高生产效率，降低生产成本；产品创新，能够改善人们的生产质量很和生活质量，提高企业市场竞争力；管理创新，可以提高工作质量和工作效率；服务创新可以扩大市场占有率，提高企业知名度；体制创新，可以使企业的日常运作更有秩序，更有生机，同时也可以摆脱一些旧的体制的弊端，如科层制带来的信息传递不畅通；思想创新是相对比较重要的一个方面，领导者思想创新能够保障企业沿着正确的方向发展，员工思想创新可以增强企业的凝聚力，发挥员工的创造性，为企业带来更大的效益。

以上所有创新都有待于企业管理决策者的决策创新。企业管理者决策创新，取决于企业管理者的理念创新、战略创新和思维创新。

理念创新是指革除旧有的既定看法和思维模式，以新的视角、新的方法和新的思维模式，形成新的结论或思想观点，进而用于指导新的实践的过程。理念创新产生于客观的实际需要和可能，根植于客观实际。没有客观实际需要的理念创新是没有意义的，没有客观实际可能的理念创新只能是异想天开。

战略创新是指以未来为主导，与环境相联系，以现实为基础，对企业发展的策划、规划，它研究的是企业的明天。创新是一个民族进步的灵魂，是一个国家兴旺发达的不竭动力。创新是一个过程，可以说企业的发展过程是不断创新的过程。创新又是一种较量，要围绕着种种不利于企业成长的环境进行创新。创新也是一种挑战，推动企业不断成长壮大。

思维创新是指创新思维的本质在于将创新意识的感性愿望提升到理性的探索上，实现创新活动由感性认识到理性思考的飞跃。创新思维是指以新颖独创的方法解决问题的思维过程，通过这种思维能突破常规思维的界限，以超常规甚至反常规的方法、视角去思考问题，提出与总不同的解决方案，从而产生新颖的、独到的、有社会意义的思维成果。

创新离不开创造性思维。对于什么是创造性，一般认为创造性是指个体产生新奇独特的、有社会价值的产品的能力或特性，故也称为创造力。新奇独特意味着能别出心裁地做出前人未曾做过的事，有社会价值意味着创造的结果或产品具有实用价值或学术价值、道德价值、审美价值等。

开动脑筋，求实创新

创造性有两种表现形式：一是发明，二是发现。发明是制造新事物，例如瓦特发明蒸汽机，鲁班发明锯子。发现是找出本来就存在但尚未被人了解的事物和规律，如门捷列夫发现元素周期律，马克思发现剩余价值规律等。

理解创造力这一概念要把握以下几点：A. 创造力是一种有别于智力的能力，创造力测验的内容是智力测验内容上没有的，是智力测验测不出来的能力；B. 创造力指在各种创造性活动中的能力，既有科学创造活动，又有技术创造和艺术创造活动，还有其他方面的创造活动；C. 新颖独特是指前所未有、与众不同，这是创造力的根本特征；D. 创造产品（包括物质的和精神的）有社会或个人价值。

创造性的基本特征：创造性由创造性意识、创造性思维过程和创造性活动三部分组成。在创造性的组成部分中，创造性思维是其核心。创造性思维又包含聚合思维和发散思维，发散思维是创造性思维的核心，它与创造性思维关系最为密切。发散性思维表现在行为上，即代表个人的创造性。

所谓发散性思维就是创造性思维，这种思维方式，遇到问题时，能从多角度、多侧面、多层次、多结构去思考，去寻找答案。既不受现有知识的限制，也不受传统方法的束缚，思维路线是开放性、扩散性的。它解决问题的方法不是单一的，而是在多种方案、多种途径中去探索，去选择。创造性思维具有广阔性，深刻性、独特性、批判性、敏捷性和灵活性等特点。

创造性思维具有新颖性，它贵在创新，或者在思路的选择上、或者在思考的技巧上、或者在思维的结论上，具有着前无古人的独到之处，在前人、常人的基础上有新的见解、新的发现、新的突破，从而具有一定范围内的首创性、开拓性。

创造性思维具有极大的灵活性。它无现成的思维方法、程序可循，人可以自由地海阔天空地发挥想象力。

创造性思维具有艺术性和非拟化的特点，它的对象多属“自在之物”，而不是“为我之物”，创造性思维的结果存在着两种可能性。

创造性思维具有着十分重要的作用和意义。首先，创造性思维可以不断增加人类知识的总量；其次，创造性思维可以不断提高人类的认识能力；再次，创造性思维可以为实践活动开辟新的局面。此外，创造性思维的成功，又可以反馈激励人们去进一步进行创造性思维。正如我国著名数学家华罗庚所说：“‘人’之可贵在于能创造性地思维。”

企业决策者在决策中具有创新性，应注意创造性思维（即散性思维）的三个主要特征：

1. 流畅性。流畅性是指针对问题（发散点）从不同角度在短时间内反应迅速而众多的思维特征。比如能在短时间内表达较多的观念，使用较多文字，产生较多联想等。

2. 变通性。变通性也就是思维的灵活，它要求能针对问题（发散点）从不同角度用多种方法思考，能举一反三、触类旁通。当解决问题的思路受阻时，能另辟蹊径，寻找解决问题的其他方法。对同一问题，想出不同类型答案越多，其变通性越高。

3. 独特性。独特性是指针对问题（发散点）用新角度、新观点去分析，提出独特的、有新颖成分的见解。行为表现超常，对事物处理能提出超常意见，对疑难问题能提出独特见解是其基本表现。对同一问题，意见越奇特，其独创性越高。

科技创新，最急最紧

当前世界正进入知识经济时代，知识将取代自然资源和资本成为经济和科技发展的最重要和最关键的要素。于是越来越多的国人取得了这样的共识：大力发展科技，提高科技创新的能力与水平，是决胜 21 世纪经济的关键。科技创新是时代的大趋势。

强化科技创新、增强企业自主创新能力、建设创新型企业是企业增强市场竞争力的客观选择，也是企业提高经济效益和推动企业快速发展的必由之路。

企业最强的生命力，就在于科技创新。转变经济增长方式、提升产业层次必须依靠科技创新、自主创新。加快科技创新，增强竞争能力，必须以企业为主体，以企业家思想创新为先导，以市场为导向，积极构建产学研结合的技术创新体系。企业要不断提高原始创新能力、集成创新能力和引进消化吸收再创新能力，着力开发具有自主知识产权的新技术、新装备、新产品，形成一批拥有自主知识产权的知名品牌产品，实现企业发展由单纯的技术引进、加工组装向自主创新、自主制造转变。例如，海信的生存与发展就得益于对科学的执著追求。“人才是本，技术是根，创新是魂”是海信的技术观，以技术孵化产业是海信创新科技的特色。

市场经济是竞争经济。对竞争而言，不创新，即失败。因此企业经营必然表现为不断地创新。联合国人士之间曾流传一个论断：“发达国家与落后国家的差距，实际是创造力的差距。”把这个论断演绎到企业界，同样可作这样的论断：“优秀企业与后进企业的差距，也在于创造力的差距，即科技创新的差距。”

在市场经济史上，凡是经受住时间考验的优秀企业，都把科技创新作为企业的最大财富，时时处处致力于企业的科技创新。日本的索尼公司在刚起家时，仅 20 名员工、500 美元资本，但在经营决策上坚决走自己的科技创新之路。在别的企业都大上普通电器时，索尼公司独家开发出的录音机；在晶体管刚刚诞生时，索尼公司又及时抓住机遇，迅速推出应用晶体管的袖珍收音机。这样，平均每年推出上千种新产品，经过几十年的不懈创新，终于缔造了一个“电器帝国”，在总结其成功的奥妙时，仅归结为四个字“科技创新”。

海尔文化的核心是创新。它是在海尔二十年发展历程中产生和逐渐形成特色的文化体系。海尔文化以观念创新为先导、以战略创新为方向、以组织创新为保障、以技术创新为手段、以市场创新为目标，伴随着海尔从无到有、从小到大、从大到强、从中国走向世界，海尔文化本身也在不断创新、发展。员工的普遍认同、主动参与是海尔文化的最大特色。当前，海尔的目标是创中国的世界名牌，为民族争光。这个目标把海尔的发展与海尔员工个人的价值追求完美地结合在一起，每一位海尔员工将在实现海尔世界名牌大目标的过程中，充分实现个人的价值与追求。

产品结构调整要注重科技创新来获得更新换代的效果。北京建筑五金实验厂原先只生产传统的老产品铸铁水龙头，由于产品档次低，市场竞争乏力，企业陷于亏损；1993 年通过转换产品创新机制，积极开发了换代产品陶瓷片水龙头，在性能上做到了使用60 万次（约20 年）不漏水，外形上更推出了铜镀铬、镀钛的流线型，企业立即取得了效益，走出了困境。实践证明，只有疲软的产品。没有疲软的市场，而企业的最大财富技术创新是使产品摆脱疲软的根本手段。

高层次的竞争，高在内心，高在创新。大家都很熟悉海尔，因为它是搞家用电器的，家用电器在价格上打得这么厉害，你看到过海尔降价吗？基本上没有。许多人要问，市场经济不就是价格竞争吗？应该说市场经济价格竞争是永恒的，尤其是供大于求的时候，价格竞争不可避免。但是，价格竞争档次并不高，比价格竞争档次高的是特色竞争、设计竞争、创新竞争。海尔不搞低层次的价格竞争，而搞高层次的特色竞争，设计竞争。总而言之，科技创新，海尔不降价，海尔到处是老大。

我们看一下海尔的商品经营：客户的需求就是我的研发课题。2001 年海尔在开国际经理人大会的时候，海尔的美国经理针对学生公寓对冰柜要求的信息提出，应该开发出一种抽屉式的冰柜。海尔总部一听，很有道理，马上下令开发抽屉式的冰柜。结果怎么样？经过十七个小时，居然拿出了两代经过改进的第二代抽屉式冰柜的样机，十七个小时拿出了两代抽屉式冰柜，第二天开会的时候就送到了会场上，这样的快速反应就是科技创新，因此海尔的商品经营相当优秀。

只要存在竞争，存在优胜劣汰的制度，总有企业被淘汰，可又有更多的企业在崛起、在成长、在腾飞。这就是市场经济中的新陈代谢。事关每个企业的生死存亡，企业当然都想知道：有没有永葆青春的诀窍？历史告诉我们确有永葆青春的诀窍，这就是不断创新。尤其到了市场经济的新时代，市场经济是竞争经济、创新经济，企业的新陈代谢的速度要远远超过自然经济与计划经济。面对全方位、多层次的国内国际市场竞争，企业要生存、要发展、要成长、要腾飞，始终离不开不断创新。观念的落后是最大的落后。因为，观念决定行动，思路决定出路。面对 WTO，我国企业最薄弱的环节是经营，最差的能力是创新，最需要转变的是观念，最应当提高的是科技创新的重要性。

技术创新型企业是指具有健全的技术创新体系和机制持续技术创新，并取得显著技术创新效果的有活力的现代企业。

持续技术创新是技术创新型企业的本质。技术创新型企业就是指实现持续技术创新的企业。在这里，持续技术创新，不仅仅是指企业不断地进行一项又一项的技术创新，更主要的是指企业适时地从原有的技术轨道进入新的正确的技术轨道的活动过程；不仅仅具有时间上的持续性，更主要的是具有技术上的渐进跃迁性和企业核心能力的提升性。实质上，持续技术创新包括两个阶段，即技术家族创新的常规阶段和战略技术创新的非常规阶段。

技术创新型企业作为工业企业发展的高级形态，它保留了生产型企业和生产经营型企业的优点，同时又有了新的内涵。技术创新型企业把企业竞争从单纯的生产竞争和营销竞争扩展到技术创新的竞争，把技术创新作为企业的核心职能，在企业内部实现技术创新的制度化，集研究与开发、生产、销售三位一体，形成研究与开发、生产、销售三者互动的健全的体制和机制，通过持续技术创新，获得持续性的收益。

让仓库里不盛东西

丰田汽车公司是续美国通用汽车公司后的世界汽车业巨头，也是世界上利润最高的企业之一。它创造出了一种独特的生产模式，被称为“丰田生产方式”。这种生产方式，简单地说，就是基于杜绝浪费的思想，追求科学合理的制造方法而创造出来的一种生产方式。也就是所谓的零库存计划。

而在我国企业中，很少有将浪费现象做到如此细致的化分。正是这种精于细节的态度，使丰田公司认为，公司内许多制造业工厂中任何时刻都可能有 85% 的工人没有在做工作：5% 的人看不出是在工作；25% 的人正在等待着什么；30% 的人可能正在为增加库存而工作；25% 的人正在按照低效的标准或方法工作。

丰田公司的零库存是怎么来的？丰田公司所生产的汽车是从来都不用进入库房，但是在当初的经济危机丰田公司为了节省开支想尽了办法，从在冲水马桶放一块砖头为的是每一年节约 60 万顿水，还有将办公室里的灯改成了光感灯光；但是最终让他们团队成功生存下来的是因为他们创新了库存的计划，也就是零库存计划，他们认为安全库存叫作借口因为如果你真的计算的很准确就不再需要库存了；它们的工作单一出来的时候的数字可以到达个位数，比如说生产一批汽车工作数量是 1047 台，这个在世界上是很少有人会做到这样的通常都是生产 1000 台或 2000 台没有个位数的，于是开始订玻璃 1047 组、做轮胎 1047 组、做电子仪表 1047 组。

结果按时间开始送货因为丰田连送货时间都是有规定的，在规定的时间一定要到，不然就处分它们，开过会就连用的时间表都是一样的，结果发生了送玻璃的提早了 20 分钟到的情况，厂方一看时间没到就叫出去到外面有一个停车场到那里等着因为这条路要保持畅通，时间不到任何人不能占用，到时间后所有的供应商都按安装的顺序放下的零件就连进入库房都不用，然后就是安装底盘 1047、轮胎 1047、玻璃 1047、电子仪表 1047、座位 1047，最后完成了 1047 台汽车它们叫作即时作业；它们是经过了 3 年的研究才能做到这种地步，而就因为这样的创新为丰田公司创造了很好的收获。

就是丰田公司的精细！如果不是在每一个细节上都精益求精，完全不可能达到这种效果在生产企业中，细节凝聚了效率，在服务企业中也是如此。一个企业的发展史实际上就是一个由无数个大大小小、连绵不断的创新构成的，任何时候只要企业不断坚持创新，那么它就一定会在市场竞争中保持旺盛的生命力，反之就会陷入徘徊不前，有被对手反超并挤出市场的可能。

在杨柳青工业园泰正机械设备安装有限公司生产车间内，记者看到了这样一个场景：一台智能焊接机械手正在灵活地运转，它一会儿在左边的夹具上点焊，一会儿又伸到右边的另一个夹具上进行焊接，发出炫目的蓝光。原来，这正是泰正机械去年新引进的自动焊接机器人。它虽然只有一只手臂，但功能强大，只需转换一个频道就可以按照设定好的轨迹进行焊接，而且经过仔细观察，发现它的焊接点精确。公司总经理告诉记者："这台新引进的机械手比起传统的工人操作不仅产量要翻番，而且产品的精确度和灵活度也大大提高了，有效提升了企业的经济效益。"据了解，这正是泰正机械利用高新技术和先进适用技术改造提升传统产业，加快企业转型升级的一个方面。

天津市泰正机械设备安装有限公司是一家民营企业，公司成立于 2001 年，总投资额 1000 万元，占地 16000 平方米。主要从事机电设备安装、非标设备制作、机械加工、结构件制作、冲压加工。在公司的成长历程中，始终以科技引领发展，公司拥有自己的研发团队，充分利用先进技术改造升级传统产业，推广应用新技术新工艺，加速设备更新，改进产品性能，优化提升企业技术装备水平，促进产业技术升级，推动传统工业向高端化、高质化、高新化转化，实现发展方式从粗放型向集约型转变，由传统型向科技型转变，促进工业结构的战略性调整。

公司在转型过程中，将所有的冲床设备都配备了光控安全装置，在模具前方或周围设置一道光墙，当身体的某一部分遮断光线并向危险区域接近时，受光体发出信号，使机械紧急停止动作，滑块停止工作，达到安全的目的。2012 年，公司引进了 400 吨冲床，将原来需要五台设备由五个工人操作完成的工序，变成现在只需要两个工人一台冲床就能完成，而且生产效率提高了近 10 倍。公司又投入 105 万元，引进了 5 台螺母输送机，有效提高了企业的生产效益。螺母输送机与点焊机配合使用，当螺母通过枪内顶杆送到点焊机定位销上时，顶杆自动收回，点焊机完成焊接动作，改变了传统人手输送效率低和因操作失误产生重大的安全事故隐患。同时，焊接机器人的应用不仅保证了焊接产品质量的稳定性，而且改善了劳动条件，以前一个工人一天能焊 500 至 600 件产品，使用机械手后一天能焊 10000 件产品，大大提高了生产效率。今年，公司又投入 660 多万元，引进了 600 吨冲床，目前正在调试阶段，用于生产丰田、长城汽车车身板金部品的生产，4 月底正式投产运营，月产值将达到 1000 万元，将有效提升公司整体效益。今年一季度，该公司已完成产值近 2600 万元。

在发展过程中，他们始终把推进创新作为公司发展的轨道和实现产业转型升级的重要途径。公司拥有自己的研发团队和技术人员，每年投入专项资金加强企业研发能力。目前，公司主要针对级进模进行专项研发并生产，用于新车型外板金件的制造。2012 年，该公司先后申请了中小创和科技周转金项目，为企业的发展注入了新的活力。2013 年，公司又新增了丰田新威弛、新花冠和 RAV4 三个车型的 34 个部品件的生产，预计投产后将为公司增加产值近 3000 万元。2013 年，该公司年产值将突破 1 亿元，成为杨柳青镇又一科技“小巨人”。

QQ 影音：将产品的核心功能做到极致

马化腾曾说，产品经理要把自己当一个挑剔的用户。我们做产品的精力是有限的，交互内容很多，所以要抓最常见的一块。流量、用量最大的地方都要考虑。规范到要让用户使用的舒服。要在感觉、触觉上都有琢磨，有困惑要想到去改善。如鼠标少移动、可快速点到等等。

为产品做设计最难的是订优先级和先后次序。判断功能的好坏不能写个报告统计下流量证明是完了。这是非常错误的，我们要看用户是不是需要这个功 能。所以我希望我们的产品经理在产品设计之初就想得透彻一点。产品经理需要投入更多的关注度，关注度不一样，结果出来的很不一样。

任何产品都有核心功能，其宗旨就是能帮助到用户，解决用户某一方面的需求，如节省时间、解决问题、提升效率等。

很多产品经理对核心能力的关注不够，不是说完全没有关注，而是没有关注到位。核心能力不仅仅是功能，也包括性能。对于技术出身的产品经理，特别是做后台出来的，如果自己有能力、有信心做到对核心能力的关注，肯定会渴望将速度、后台做到极限。但是现在的问题是产品还没做好。比如前段时间的网页速度优化，优化之后速度提高很多，真不知道之前都做什么去了？让用户忍受了这么久，既浪费时间又浪费我们的资源。不抓，都没人理，很说不过去。所以说我们要在性能方面放入更多精力。

谈到核心的能力，首先就要有技术突破点。比如做 QQ 影音，我们不能做人家有我也有的东西，否则总是排在第二第三，虽然也有机会，但缺乏第一次出来时的惊喜，会失去用户的认同感。这时候，你第一要关注的就是你的产品的硬指标。在设计和开发的时候你就要考虑到外界会将它与竞争对手做比较，如播放能力、占用内存等。就像 QQ 影音，它的核心性能和速度都超越了暴风影音，所以推出之后发展的势头将会很好。

硬指标选择上其实也有很多选择，如网络播放、交流、分享，这都是很好的思路。但是最后都砍掉了，我们就是要做播放器，因为这是用户的需求。并不是所有人都需要高清，但是高端用户需要（这个后面口碑创造会再提到）。只有硬指标满足了，用户说，我这个破机器，暴风影音不能放，QQ 影音能放。就这一句话，口碑就出来了，用户知道你行，口碑要有差异性。

核心能力要做到极致。要多想如何通过技术实现差异化，让人家做不到，或通过一年半载才能追上。

很多用户评论 QQ 时说用 QQ 唯一的理由是传文件快，有群。那这就是我们的优势，我们要将这样的优势发挥到极致。比如离线传文件，以邮件方式体现就是一个中转站，即使是超大的文件也不困难，关键是要去做。虽然真正使用的用户并不一定多，但用户会说，我要传大文件，找了半天找不到可以传的地方，万般无奈之下用了很烂的 QQmail，居然行了，于是我们的口碑就来了。

要做大，你首先要考虑的就是如何让人家想到也追不上。这么多年在 IDC（互联网数据中心）上的积累我们不能浪费，高速上传、城域网中转站，支持高速地上传……可能又会发现新的问题，如果不是邮件，在 IM（即时通讯软件）上又该怎么实现。我们的目的是要让用户感到超快、飞快，让用户体验非常好，这些都需要大量技术和后台来配合。

产品的更新和升级需要产品经理来配合，但我们产品经理做研发出身的不多。而产品和服务是需要大量技术背景的，我们希望的产品经理是非常资深的，做过前端、后端开发的技术研发人员晋升而来。好的产品最好交到一个有技术能力、有经验的人员手上，这样会让大家更加放心。如果产品经理不合格，让很多兄弟陪着干，结果就会发现方向错误是非常浪费和挫伤团队士气的。

微信摇一摇：简单就是美

微信全球信息化的今天，自从腾讯公司 2011 年 1 月推出手机聊天软件——微信以来，在几乎毫无竞争对手的情况下迅猛发展，微信用户数已经达到 6 亿左右，腾讯公司顺着微信发展的良好势头，功能从最初的个人应用逐步延伸到了各行各业的应用。

作为政府部门和企业公司，逐步也将微信应用到了营销推广、客户服务以及大众需求等方面，通过微信打造一个渗透到移动互联网的便利通道，从而提升政府部门形象，拓宽企业营销发展方向，完善大众服务渠道。

一、微信是什么

微信是腾讯公司推出的一个为智能手机提供即时通讯服务的免费应用程序。微信支持跨通信运营商、跨操作系统平台通过网络快速发送免费（需消耗少量网络流量）语音短信、视频、图片和文字，支持多人群聊的手机聊天软件。

它可以通过 QQ 号直接登录注册或者手机号码登陆注册，支持查找微信号和查看 QQ 来添加好友、导入手机通讯录中的联络人和分享微信号添加好友、摇一摇添加好友、二维码查找添加好友和漂流瓶接受好友等 7 种方式。

二、微信的一些常用功能

1. 聊天：支持发送语音短信、视频、图片（包括表情）和文字，是一种聊天软件，支持多人群聊。

2. 添加好友。

3. 实时对讲机功能：用户可以通过语音聊天室和一群人语音对讲，但与在群里发语音不同的是，这个聊天室的消息几乎是实时的，并且不会留下任何记录，在手机屏幕关闭的情况下也仍可进行实时聊天。

4．微信支付：用户可以通过手机完成快速的支付流程。微信支付向用户提供安全、快捷、高效的支付服务，以绑定银行卡的快捷支付为基础。

5．微信公众平台：个人和企业都可以打造一个文字、图片、语音的全方位沟通、互动的平台。

6．朋友圈：用户可以通过朋友圈发表文字和图片，同时可将文章或者音乐分享到朋友圈。

三、微信给不同行业所带来的作用

由于微信没有了距离的限制，而且比 QQ 更加的方便。商家企业可以用微信来进行品牌和产品的推广，微信一对一的互动的交流方式具有良好的互动性，在推送消息的时候也能形成一种朋友关系。

这样有利于企业更好地拓展客户、宣传品牌、开展营销、管理客户、大幅降低经营成本、成倍提升营销业绩。

而政府机关则可以利用微信向民众发布政务信息，让政府机关更加透明化，也提高了政府的公信力。微信应用基于政府部门已有业务系统的权威数据和接口，通过各网络之间的安全防护设备，在互联网部署政务微信服务系统，与微信公众平台之间实现实时交互的数据接口通道，为公众提供实时、便捷的数据查询服务，为政府部门提供实时、百分之百送达的宣传服务。实现文本、照片、语音、位置的实时上传，基于微信服务系统实现媒介应用、互动交流、行政办事等便民服务功能。政务微信还充分打通支付渠道，为百姓提供水费、电费、燃气费等公共事业缴费或缴纳违章罚款等便民服务。

（一）微信在企业的应用

第一，开通企业微信平台

（1）企业品牌形象

通过微信粉丝不仅可以接受品牌信息还可更方便参与品牌互动活动，增加互动从而深化品牌传播。

（2）企业营销

微信的认证对提升企业的信任度很重要。认证之后有三大好处：

当查找附近用户时你的潜在客户可以第一时间找到你。

功能变强大，每天可以群发 3 条消息。

可信度更高，顾客信信任度更强（就我们常说的“品牌效应”）。

第二，增加微信号

有顾客才会有销售。企业微信公众平台也同样需要顾客的光临才会产生销售量。那么如何才能快速增加企业微信公众平台粉丝量呢？方法如下：

（1）在官方网站上添加微信公众二维码。

（2）在一些 B2B 平台、微博、论坛发表文章加上安利公司微信二维码代码。

第三，企业微信公众账号建设

在微信公众账号上发布需求，这样可以实现活动促销的最大曝光，能及时有效的把企业最新的促销活动告知给微信粉丝用户，降低企业营销成本。

第四，注重与微信客户之间的互动

在企业公众平台发布一些与生活有关的文章，与粉丝分享和互动，扩展微信朋友圈，并借助朋友圈扩大公司知名度和传播范围。

以上就是微信面向企业的应用，以安利这个产品多元化的企业为例，阐述了微信公众平台背后的价值，结合消费者的需求来确定微信所提供的应用。

（二）微信在政府的应用

随着微信用户数的稳定增长和平台服务的日趋完善，市民可通过微信公众平台查阅国务院政策文件；了解最新国家外交动向；处理交通事故理赔；交水费、电费、燃气费、银行预约、医院挂号等等服务，微信正利用平台优势与政府紧密联系在了一起，为市民创造更便捷的服务。

（1）政府政务微信

“广州应急－白云微信公众平台是发布点对点突发事件预警信息、关注社会公众安全需求、加强互动交流的沟通桥梁”。这是开通政务微信首日，官方发布的一条通告。第二天微信便派上大用场——发布河源震情，打造了广州政务微信首个成功运营的案例。

当然现阶段政务微信只是发布政务消息，传播政务理念，并没有完全开发出微信所带给民众的便利方式和利用微信更大的价值，政务微信的发展还有许多有待解决的问题。微信为政府服务，就应冲着切实解决问题的方向去发展、完善，发挥政务微信的“沟通”“便民”“施政”的应用。

（2）微信在政府金融机构的应用

招商银行作为中国第一家由企业创办的商业银行，以及中国政府推动金融改革的试点银行，作为政府金融机构的一员，则用它的微信公众平台阐述一下微信在银行的应用。

绑定个人账户以后，便可以使用微信这个平台查询账单、账单分期；还可以查询信用卡额度、积分、个人资料，转账汇款、理财、无卡取款、手机充值、信用卡账单和积分查询、信用卡快速还款等功能。从一开始，微信就被招行定义为持卡人服务平台，给持卡人提供“好”的用户体验。微信是比较方便实用的一个渠道，能直观解决招行用户的一些功能、服务需求。

微信在企业和政府的应用有着非常大好的前景，企业和政府应根据自己的特性，从微信中观察、分析、精确地智能锁定微信用户，以便后续展开针对性的推广和应用。

创新就是对用户体验的极致追求

产品经理要把自己当一个挑剔的用户。我们做产品的精力是有限的，交互内容很多，所以要抓最常见的一块。流量、用量最大的地方都要考虑。规范到要让用户使用的舒服。要在感觉、触觉上都有琢磨，有困惑要想到去改善。如鼠标少移动、可快速点到等等。

为产品做设计最难的是订优先级和先后次序。判断功能的好坏不能写个报告统计下流量证明是完了。这是非常错误的，我们要看用户是不是需要这个功能。所以我希望我们的产品经理在产品设计之初就想得透彻一点。产品经理需要投入更多的关注度，关注度不一样，结果出来的很不一样。

1．核心能力

任何产品都有核心功能，其宗旨就是能帮助到用户，解决用户某一方面的需求，如节省时间、解决问题、提升效率等。

很多产品经理对核心能力的关注不够，不是说完全没有关注，而是没有关注到位。核心能力不仅仅是功能，也包括性能。对于技术出身的产品经理，特别是做后台出来的，如果自己有能力、有信心做到对核心能力的关注，肯定会渴望将速度、后台做到极限。但是现在的问题是产品还没做好。比如前段时间的网页速度优化，优化之后速度提高很多，真不知道之前都做什么去了？让用户忍受了这么久，既浪费时间又浪费我们的资源。不抓，都没人理，很说不过去。所以说我们要在性能方面放入更多精力。

谈到核心的能力，首先就要有技术突破点。比如做QQ影音，我们不能做人家有我也有的东西，否则总是排在第二第三，虽然也有机会，但缺乏第一次出来时的惊喜，会失去用户的认同感。这时候，你第一要关注的就是你的产品的硬指标。在设计和开发的时候你就要考虑到外界会将它与竞争对手做比较，如播放能力、占用内存等。就像QQ影音，它的核心性能和速度都超越了暴风影音，所以推出之后发展的势头将会很好。

硬指标选择上其实也有很多选择，如网络播放、交流、分享，这都是很好的思路。但是最后都砍掉了，我们就是要做播放器，因为这是用户的需求。并不是所有人都需要高清，但是高端用户需要（这个后面口碑创造会再提到）。只有硬指标满足了，用户说，我这个破机器，暴风影音不能放，QQ影音能放。就这一句话，口碑就出来了，用户知道你行，口碑要有差异性。

核心能力要做到极致。要多想如何通过技术实现差异化，让人家做不到，或通过一年半载才能追上。

很多用户评论QQ时说用QQ唯一的理由是传文件快，有群。那这就是我们的优势，我们要将这样的优势发挥到极致。比如离线传文件，以邮件方式体现就是一个中转站，即使是超大的文件也不困难，关键是要去做。虽然真正使用的用户并不一定多，但用户会说，我要传大文件，找了半天找不到可以传的地方，万般无奈之下用了很烂的QQmail，居然行了，于是我们的口碑就来了。

要做大，你首先要考虑的就是如何让人家想到也追不上。这么多年在IDC（互联网数据中心）上的积累我们不能浪费，高速上传、城域网中转站，支持高速地上传……可能又会发现新的问题，如果不是邮件，在IM（即时通讯软件）上又该怎么实现。我们的目的是要让用户感到超快、飞快，让用户体验非常好，这些都需要大量技术和后台来配合。

产品的更新和升级需要产品经理来配合，但我们产品经理做研发出身的不多。而产品和服务是需要大量技术背景的，我们希望的产品经理是非常资深的，做过前端、后端开发的技术研发人员晋升而来。好的产品最好交到一个有技术能力、有经验的人员手上，这样会让大家更加放心。如果产品经理不合格，让很多兄弟陪着干，结果就会发现方向错误是非常浪费和挫伤团队士气的。

2. 口碑

做产品要做口碑就要关注高端用户、意见领袖关注的方向。以前，我们的思路是抓大放小，满足大部分“小白”用户的需求。但是现在来看，高端用户的感受才是真正可以拿口碑的。

如何提升高端用户的关注，这是在基础功能比较好的情况下需要考虑的问题。如邮件搜索、RSS 聚合等，这些只有“很炫”的用户在博客和论坛里面会提及，在有能力的情况下我们要保证。在产品已经成型的情况下，对待高端用户的心态也要不一样。比如允许用户在我们的 QQmail 上使用别的邮箱。之前我们自己心里打着小九九，让别人不方便使用外部邮箱地址，好使用我们的，但是这些小九九，高端用户是看得出来的，所以要改掉，只有这样才能做到真正的方便用户。

个性化服务，并不是大众化服务，也是要取得口碑的。

一个产品在没有口碑的时候，不要滥用平台。如像 IM（即时通讯）部门要求支持，投入营销资源、要 marketing（市场部门）联系公关公司投放广告，提广告位要求……等着人家砍，其实心里想着有一半也够了。我们的产品经理精力好像分配得很好，50% 产品、30% 营销……当然，如果你在基础环节控制得好，这样当然可以。但多数情况下我们的人第一点都做不好。如果你的实力和胜算不到 70% ~80%，那么 就把精力放在最核心的地方。当你的产品已经获得良好口碑，处于上升期后再考虑这些。

产品经理要关注最最核心、能够获得用户口碑的战略点，如果这块没做透，结果只能是用户过来，失望，再花更多的精力弥补，这是得不偿失的。当用户 在自动增长（用户会主动推荐朋友来使用我们的产品），就不要去打扰用户，否则可能是好心办坏事。这时，每做一件事情，每加一个东西都要很慎重的考虑，真的 是有建设性地去增加产品的一个口碑。当用户口碑坏掉后，再将用户拉回来很难。

增加功能，在管理控制功能上也要有技巧。在核心功能做好后，常用功能是要逐步补齐的。产品在局部、细小之处的创新需要永不满足。作为一个有良好口碑的产品，每加一个功能都要考虑清楚，这个功能给 10% 的用户带来好感的时候是否会给 90% 的用户带来困惑。有冲突的时候要聪明，分情况避免。每个功能不一定要用得多才是好，而是用了的人都觉得好才是真正的好。

做产品开发的时候需要有较强的研发机制保证，这样可以让产品开发更加敏捷和快速。就算是大项目也要灵活。不能说等 3 个月后再给你东西看，这个时候竞争对手已经跑出去已经不知道有多远了。

开发人员要用心来思考产品，而不是公事公办的态度。你要知道用户、同行会关注你的产品，在这种驱动下开发人员要有责任心去主动完成。不能说等到产品都做好了，流水线一样送到面前再做。40% ~50% 左右的产品最终体验应是由开发人员决定的。产品人员不要嫉妒有些工作是是开发人员设计的，只有这样才是团队共同参与的。否则出来的产品一定会慢半拍。

交互设计：做最挑剔的用户

产品经理要把自己当一个挑剔的用户。我们做产品的精力是有限的，交互内容很多，所以要抓最常见的一块。流量、用量最大的地方都要考虑。规范到要让用户使用的舒服。要在感觉、触觉上都有琢磨，有困惑要想到去改善。如鼠标少移动、可快速点到等等。

像邮箱的“返回”按钮放在哪儿，放右边还是左边，大家要多琢磨，怎么放更好，想好了再上线测试。对同一个用户发信，在此用户有多个邮箱的情况下如何默认选最近用的一个账号。这些需求都小，但你真正做出来了，用户就会说好，虽然他未必能说出好在哪里。

产品的使用要符合用户的习惯，如写邮件的时候拷贝东西，更多人习惯用键盘来操作。虽然有些技术难度，但也可以解决、交互，对鼠标反馈的灵敏性，便捷性。

在设计上我们应该坚持几点：

不强迫用户。如点亮图标，如 QQmail，不为 1% 的需求骚扰 99% 的用户。

操作便利。如 QQ 音乐，新旧列表，两者都要兼顾到，如 QQ 影音的快捷播放，从圆形到方形，最后因为影响性能而放弃。

淡淡的美术，点到即止。如 QQmail，QQmail 在 UI 界面上的启发，不用太重也能做得很好。图案和简洁并不是一对矛盾体。

重点要突出，不能刻意地迎合低龄化。

我们的产品不是单机版，不仅需要很强的用户感和技术功底，更重要的是服务。我们要关注一些很复杂的内容，如架构、应用等，产品需要有更好的架构，这需要花很多精力，常态下可能看不出来，所以需要我们高层更多的从 KPI（重要绩效指标）上考虑。这很考验功力，谁做的好，总办领导是看得到的，好的设计架构不会手乱脚乱。如把核心的东西做成组件模块分发。

发现产品的不足，最简单的方法就是天天用你的产品。产品经理只有更敏感才能找出你产品的不足之处。我经常感到很奇怪，有的产品经理说找不出问题，我相信如果产品上线的时候你坚持使用三个月，问题是有限的，一天发现一个，解决掉，你就会慢慢逼近那个“很有口碑”的点。不要因为工作没有技术含量就不去做，很多好的产品都是靠这个方法做出来的。我们的领导不仅仅要安排下面的人去做，一定要自己做。这些都不难，关键要坚持，心里一定要想着，这个周末不试，肯定出事，直到一个产品基本成型。

从哪个地方找问题呢？论坛、博客、RSS 订阅啊。高端用户不屑于去论坛提出问题，我们的产品经理就要主动追出来，去查、去搜，然后主动和用户接触，解决，有些确实是用户搞错了，有些是我们自己的问题。产品经理心态要很好，希望用户能找出问题我们再解决掉。哪怕再小的问题解决了也是完成一件大事。有些事情做了，见效很快。产品经理要关注多个方面，经常去看看运营，比如说你的产品慢，用户不会管你的 IDC（互联网数据中心）差或者其他原因，只知道你的速度慢。

第七课

实力才是王道

——马化腾谈“危机竞争”

我觉得有危机感。但是这个危机感只要早点发现、早点应对，那还是有胜算。起码要往前走一步，看清楚情况，你才会下一步决定哪方面加大、哪方面放，但是会尽量低成本。

——马化腾

三思而后行，事业多成功

三思，就是多次思考（文言文中，三是多的意思）。三思，就是做事情、做决策，要深思熟虑、三思而后行的意思。

“三思而后行”的古训出于《论语》，这句话的意思非常明确，就是教我们要养成作事前多思考的好习惯。“三思而后行”并不是胆小怕事、瞻前顾后，而是成熟、负责的表现。决定做一件事的时候，特别是重大问题时，必须要进行全方位的考虑，拿不准的时候多听听旁人的意见，也很有好处。

“三思而后行”对问题的完美解决有很大的帮助。但是在这个快速多变的社会中，稍一犹豫，时机会在瞬间错失。有的时候考虑得太多也是不好。正如马化腾曾经讲过的：在作决策的时候需要在掌握40%至70%信息的时候做出你的决策。信息过少，风险太大，不好决策；信息充分了，你的对手已经行动了，你就出局了。

“三思而后行”与快速地把握时机并不矛盾，做事情要学会把握时机，同时在决策的时候还要多去思考。这样的人才有希望达到成功的彼岸，立于不败之地。

管理者三思而后行的优点在于：（1）成功源于三思而后行。①理性的思考是人生奋进的利器，学会思考，才有可能演绎精彩的人生。②会思考的人才有光明的未来，国善于思考的人生，才会绽放出智慧之花。③正确的思考能让人获得意外的收获，思考能够改变一切，能够扭转乾坤。④把问题想透、想明白了再做想明白了再做，就能够使人少犯错误。

（2）会思考能够使人少犯错误。①人为什么会犯错误，不在错误中醒悟，便只能在错误中沉沦。②错误并不可怕，犯错也能使人进步错误是正确的预演，如同失败是成功的序曲。③在错误中学习，在思考中醒悟错误教会我们思考，教会我们改变。④从错误中吸取教训，悟出道理。不能接受错误的教训，就会再遭错误的惩罚。⑤以人为师：从他人教训中反思，反思他人的教训，你会受益良多。

（3）人生之旅要带着思考去跋涉。①行动前要给自己留下思考的时间，不播种思考，便无法收获成功。②释放潜能要多往深处想一想，深思熟虑你就能比别人看得更远。③换位思考会让你发现新路，不能让习惯成为思考的绊脚石。④学会管理好自己的思想，人有什么样的思想，便会有什么样的命运。

（4）聪明人总是用心去做事。①学做有心人，用心把事做对、做好，用心者会理性做人，智慧做事。②每天用心多一点，成绩就会多一分，一寸光阴一寸金，切不可浑浑噩噩地度日。③尽心尽力比工作能力更重要，认真地把事情做对，用心地把事情做好。④用心专一是人生完美的真谛，完美的人生是对用心经营的回报。

说到三思而后行，有这样一则小故事，虽然不是讲管理和决策的，但其中的哲理可能给大家做事一些启发。故事的内容是这样的：

有一对夫妻养了一只狗，它就像是家里的成员一样，主人回来它总要摇着尾巴欢快地跑到主人怀里撒娇，伸出热乎乎的舌头舔舔主人的手。两夫妻也经常带着它出去散步，非常喜欢它，狗也很尽责，有生人来根本不让进门，直到他们劝住它。后来这对夫妻有了个儿子，很漂亮，很自然就疏远了狗，那条狗经常用一种好像是嫉妒的眼神看着他们刚出世的儿子，开始他们怕狗会伤着儿子，想把狗送走。谁知过了一段时间，好像狗比他们还更喜好他们的儿子，经常一动不动地在摇篮旁看着小东西，也不叫唤，有时还会学着主人的样子推着摇篮哄小家伙睡觉，见到小家伙把被子踢开还会用嘴帮他盖好，很尽责的样子，儿子似乎也熟悉了它，只要这条狗在旁边，他就不会哭，还很开心地和它玩！俨然一个小保姆！夫妻俩就放心了，他们经常出去买菜或者办事都让狗独自看着儿子。回来时狗总是安安静静地待在摇篮旁，他们相信这条忠实的狗甚至于超过其他人！有一次，他们要去临近的一个城市办事，几个小时就回来。走时把儿子喂饱，看着他睡着后，拍拍狗，指指儿子，让它好好照顾儿子，狗就像平时一样向他们呶呶嘴，意思是让他们放心去。他们就走了，谁知办完事回来的路上遇上高速路上塌方，被堵在高速路整整一个晚上！他们想着儿子心里急得不行。还想到准备的狗食也不够，狗饿了会怎么办。他们在的地方手机又没信号，终于等到通车已是第二天中午，急忙赶回家，刚打开门就发现地上一些血迹，他们好象明白了什么，发疯似的进去一看，儿子已不在摇篮里，周围都是血迹，狗从里屋跑出来，一样地向他们撒娇，舔着他们的手，只是它的满嘴和身上都是血迹。他们明白了：畜生毕竟是畜生，不管平时多么忠实，在饿极了的时候也会爆发野性，把儿子吃掉了。他们就这样呆呆地看着这一切，半天回不过神来。突然男主人回过神来，从厨房拿出一把菜刀抓住狗，拖到院子里。狗被吓懵了，还不知道男主人怎么会这样对自己，但没有反抗，当它看到主人手里的刀落下来的时候，眼神里流露出不解和凄楚，主人看到后手里的刀停顿了一下，但那只是一瞬间，他的心里满是被仇恨燃烧着，毫不犹豫地将刀落下，狗一声不吭地倒下了。看着地下狗的尸体，他们仍呆呆地站着。

过了一会儿，突然从里屋传来婴儿的哭声，他们回过神来，赶紧跑进去一看，儿子正好好地躺在床上刚醒，顿时他们就后悔了，一定是冤枉了他们的狗，但那些血是怎么回事呢？他们在家里搜索了一会，终于在外面的大床下发现一条蛇，被咬得七零八落，到处都是血，他们明白了：当狗发现这条蛇对儿子有威胁时，先把儿子叼到里屋，然后独自在外面和蛇展开搏斗，把蛇咬死，保护了儿子。他们这才想起为什么狗的嘴上和身上都是血，再想到刚才杀狗时它的眼睛里流露的不舍和凄楚，不禁抱着儿子跑到狗的尸体旁痛哭失声，痛恨自己为什么不把事情看清楚，可是大错已铸成，他们只好把狗拿到郊外埋了，为它立了块碑，上面写着“义犬之墓”。

深思又熟虑，领导要修炼

企业工作千头万绪、纷繁复杂，市场商机瞬息万变、变幻莫测。企业管理者要想做出正确无误的计划和决策，来指导企业的运营和发展，必须在深入进行调查研究的基础上，对计划和决策客体进行深思熟虑的分析，才能做出抉择。

中国互联网在全球的发展中已经不仅仅是跟随者，在一些方面已经成为领导者。腾讯率先在互联网增值方面作出了一些成绩。而成为世界领先者，并不只是靠运气，腾讯有着自己的计划和决策。

在新经济条件下，支持我们做决策的信息不是不足而是太丰富了，难度往往在于如何取舍这些信息。这是一个有点令人头疼的问题，马虎不得，但也不是一件多吓人的事情，因为它毕竟是可以通过学习来掌握的一件事情。因此说，在这个有互联网和其他层出不穷的新技术陆续参与的充满变数和不确定时代里，对规律把握的难度系数越来越高了。做企业决策一定需要必要的相关知识支撑我们的经验和直觉的不足，否则，我们的许多决策就很难及时地做出来，更不要谈对其所进行的有效实施了。还有一个问题就是一定要管理好我们自身的学习，尤其是对于现代管理知识和其他相关知识的学习。不光领导人自身要注重学习，还要带领整个团队一起学习，至少要依据企业的战略目标和企业愿景的要求对自己及其团队的学习做出一个计划安排，并依照计划认真去执行。这是团队管理和绩效管理的一个重要方面，也是马虎不得的。这个时代需要我们学会学习，而且要学得比对手快，以形成足够支持我们进行有效决策的知识结构和能力。

企业家必须要经历修炼，修炼自己深思熟虑的能力，时刻保持自身自修为适合于我们所从事的事业。修炼的第一步就是要锻炼我们的心智，锻炼我们的头脑，训练我们的思维。作为一个单位的管理者或企业家，都需要好好的开动脑筋，耕耘大脑这片肥沃的土地，而不致于使其变得荒芜。

我们要学会思考，学会记取那句提醒我们的古语所能给予我们的启示。这句古语就是“学而不思则罔，思而不学则殆”，学以继思，思以助学，学以致用，用以收效，我们既是浪漫的现实主义者，更是现实的浪漫主义者。正如一位西方企业研究人员所说的，我们要把“深思熟虑”和“优柔寡断”区别开来，优柔寡断的人是被头脑中的想法困惑住了，其内心在进行的斗争使得自己永远不能付诸行动。不错，我们的确需要有时间思考，但也必须适时采取行动。这是一个深思熟虑的结果。把深思熟虑的结果付诸于充满热情的行动之中是紧随在问号之后的一个感叹号，我们如果对其进行描述的话，那应该是：好奇——探索——思考——做出计划——立即行动！这就是我们说的深思熟虑的结果。这就是一个人成熟的突出标志！

石家庄纺织机械有限责任公司的管理者就是通过深思熟虑使企业走上差异化发展道路的。近年来，面对喷气、剑杆等新型织机激烈竞争的局面，石家庄纺织机械有限责任公司另辟蹊径，将主攻方面瞄准特种织机，走上了一条差异化发展的道路。公司生产的幅宽 16 米的特种织机为其赢得了广泛的市场。

石家庄纺机最早是我国北方地区英制织布机及配件的制造企业。从 20 世纪 80 年代的验布机到后来的剑杆、喷气织机，公司始终紧跟市场形势调整自己的产品类型。目前，石家庄纺机主要生产织造煤矿输送带、抄纸网等产业用织物的织机。

公司董事长闫书法说，公司走向特种织机领域是经过深思熟虑的，一方面充分利用了已有的技术优势，另一方面又瞄准了这一具有潜力的新市场。作为国内最早生产无梭织机的厂家之一，石家庄纺机参与了无梭织机国产化的研发进程。但当面对喷气、剑杆等新型织机激烈竞争的局面时，他们却另辟蹊径，走上差异化发展的道路。闫书法说，特种织机市场小、数量少，大企业没有投资积极性，而小企业的技术又达不到要求，这恰好给了石家庄纺机公司发展的机遇。

目前，石家庄纺机在特种织机领域已经具有一定的技术优势。虽然市场不错，但当面对有丰富技术积累的外国特种织机制造商时，石家庄纺机并不满足于现状。闫书法说："今后，我们不仅要继续提高织机的稳定性、速度和效率，还要自主研发高速多臂机和大型烘干设备的电磁热辊。我们要充分发挥自身的优势，真正走出一条适合自身的差异化发展之路。"

该出手时就出手

自腾讯成立以来，强大的用户基数为腾讯帝国的扩展奠定了坚实的基础。在这发展的过程中，腾讯基本上是在模仿别人，但很幸运的是，它从未被起诉，也从未被超越。当然，别人对腾讯的模仿，马化腾也是睁只眼闭只眼，谁叫咱都是模仿起家的呢？在马化腾看来，他能吃肉，也允许别人喝一口汤。

但是，如果你要因此得寸进尺，考验他的忍耐力，夺取他根本的、核心的市场，也就是 QQ 的话，那么只有一个结果，要么忍，要么残忍。说到这里，不得不提起这样一个人，他就是庞升东。

2005 年，庞升东创立 51. com，把用户定位为 15 ~ 22 岁的年轻女性。一次，他受邀参观腾讯公司总部，期间与腾讯的高管们进行了很多交流。传说在回来之后，庞升东变得“心情复杂，很多天都睡不着觉”。从此以后，庞升东便将腾讯 QQ 当作学习和模仿的对象。

随后，庞升东就开始模仿 QQ，对 51. com 添加了很多功能和应该。为了把 51. com 做得更好，庞升东甚至直接从腾讯挖人。挖过去的人待遇比腾讯要好很多，并且庞升东很会礼贤下士，会给腾讯的员工订来回机票，让他们去 51. com 面试，并亲自到机场“恭候”。这么一来，腾讯有些员工就“蠢蠢欲动”，加盟到 51. com 中去。据 2008 年底统计，已有数十名腾讯员工被挖到 51. com。

可以说，在任何一个行业，挖墙脚都是一件很平常的事。但是，像庞升东这样有针对性、有目的性的动作，实不多见。马化腾对 51. com 和庞升东始终都保持着一种可贵的沉默，对庞升东的模仿和跟进，腾讯公司从来没有表示出任何不满，按理说，马化腾已经很大度了。但是，庞升东的行为最终触动了马化腾的底线，使他忍无可忍，一场不可避免的战争爆发了。

接着，51. com 开发出一种名为“彩虹 QQ”的产品，这是一个能够显示好友地址和查找好友是否隐身的 QQ 辅助软件。

腾讯对什么都可以忍，唯独不能容忍对这只企鹅的侵犯。我们都知道，腾讯的起家和发展全靠着这只企鹅。和过去对待珊瑚虫 QQ 的做法如出一辙，腾讯把彩虹 QQ 定性为“非法软件”。于是，2008 年 11 月中旬，腾讯突然宣布将大规模强制卸载彩虹外挂。这也表明，腾讯正式向 51. com 宣战。

除此之外，腾讯还将被挖去 51. com 的十多名员工一起告上了法庭。当时，这场纠纷闹得沸沸扬扬。

对于这些跳槽到 51. com 的员工，庞升东口头上表示会鼎力相助，但是他十分清楚，与腾讯硬碰硬不一定有好的下场。在这之前，他也探到了马化腾的底线，那就是做什么，都不能做跟 QQ 相关的事情。于是，他将刚伸出去的触角缩了回来，将彩虹 QQ 改名为彩虹。从此以后，庞升东学会了暗渡陈仓的计谋，将之前的大幅广告撤了下来。

企业面对竞争对手时，只有制定好竞争策略，才能在这一场战争中获胜，否则，不但白白耗费力气，甚至会把自己送上破产的边缘。

上市——腾讯的大跨越

上市，对于腾讯来说，是一件具有重大意义的事情。2004年，是腾讯的跨越年，正是在这一年，腾讯成为中国第一个互联网企业在香港主板正式上市。为了这次上市，腾讯的几位创始人一直在细心筹划着。

2001年8月，一个平常的下午，陈一丹召集腾讯的创始人开了一个会议。他手中拿了一叠白信封，并一个一个地发到了大家的手上，然而，信封里装的不是大家心喜的奖金，而是一张纸，上面写满了一堆英文和数字。大部分人的脸上都写着疑惑。

此时，陈一丹显得异常平静和坚定。告诉大家：“我们腾讯在未来的一天是要上市的，这是大家的期权，每个人要交一元钱，必须是一港元。”在当时，上市、期权，对坐在腾讯办公室的创始人来说，是那么的新鲜而陌生。在此后的3年时间里，腾讯获得了很大的盈利，上市之梦变得不再遥远。而这批创业团队的成员也才意识到：当时那薄薄的一个信封背后有多大的价值，这一港元又有着多么深的含义。

一港元作为期权虽少，但它却凝聚了腾讯的希望。腾讯的发展和上市，离不开大家的齐心协力，更离不开一港元的神奇力量。

公司的发展和壮大，需要每个员工的支持和努力。腾讯为了上市，向每个创始人征集一港元，这并不是为了弥补资金的短缺，而是为了明天的发展树立信心和希望，让大家都能极大地融进公司，为公司做贡献。这种做法也是值得其他公司借鉴的。

经过几年的潜心积累，腾讯在2004年6月6日正式向海外投资者发售4.2亿股股票。7日，这一消息在中国互联网界引起了很大的轰动，其滴水不漏的保密工作也令诸多投资机构和媒体大感意外。

腾讯控股有限公司发出公告声名，腾讯将在中国香港联交所主板上市，发售的股份中大部分将作国际配售，约10%的购买权利为香港公众人士所有。腾讯的首次公开募股是由高盛（亚洲）有限责任公司作为全球保荐人进行的。

腾讯公布的招股价在每股港币2.77元~3.70元之间，它于6月16日在香港联交所主板正式挂牌上市。

腾讯希望能够成为一家以用户为中心的，能够全方位满足人们在线生活不同层次需求的互联网公司，并希望自己的产品和服务像水和电一样融入生活当中，提升人们的生活品质。

关于腾讯公司为何为选择上市？对于中国万千IT界的精英们而言，他们关心的不是谁会成为亿万富豪，他们更关心的是腾讯在获得亿万资金之后的会把这些钱投向何处。据有关资料显示，腾讯在其招股文件里就预计将会用8.18亿元港币投资到腾讯新的战略方面，也就是将利用这些资金投入到即时通信、娱乐与互联网新业务方面，并不排除在未来收购第三方技术开发商与服务提供商的可能。除上述之外，腾讯公司还会把2.5亿元港币用于现有公司业务的扩展方面。

但是事实上，有相关人士这样分析，自从腾讯2003年全年的收入达到7.35亿元人民币及盈利3.222亿元人民币来看，腾讯即使不进行IPO，其拥有的巨大现金也足以有能力收购国内大多数从事即时通信以及娱乐新业务的中小型公司。所以，对于始终在盈利的腾讯来说，他们并不缺钱。

所以，我们能够通过腾讯在上市招标文件中谈到的其上市的目的来看，除了其2.5亿港币的资金是对现有业务进行扩展的理由之外，其8.18亿的资金去向并不排除腾讯在很短的时间内将进行一次大规模的收购。腾讯上市的另一个目的，可能是想通过此使腾讯公司的治理结构和管理机制更加趋向合理化。

一个企业管理者作出的每个决策，都可能关系到企业的发展存亡。因此，如果能做好前期准备工作，就会为企业成功增加砝码。

企鹅与对手们的巅峰对决

1．马化腾对决陈一舟

2006 年，马化腾身边又出现了一个对手，他就是陈一舟。

2002 年底，陈一舟带着从国外天使投资人那里筹到的几十万美元回国，就开始做 SP 业务。当年，陈一舟更是将他们的新公司——空中网做到了美国纳斯达克上市。空中网之后，陆续有多家 SP 公司在美国纳斯达克上市，但陈一舟的新公司千橡由于进入太晚，并没有获得多大盈利。

后来，他又做起了收购，他卖掉了手中搜狐的股票，同时杀到香港资本市场去炒腾讯股票，结果他大获全胜，一下子成为有钱人。这样的成就让陈一舟开始有了钱生钱的想法，于是他开始付诸行动。

在日后的收购行为中，最漂亮的举动当属收购猫扑。收购一年半后，在陈一舟的大力推动下，猫扑网的注册用户达到近 2000 万，日平均点击量 7500 多万，世界排名从之前的 2000 多位迅速窜到 40 多位。可见，猫扑的气势多么强大！

猫扑本身和腾讯的用户对象基本一致，这样一来，就给腾讯造成了很大的压力。同时，千橡虽然在短信市场上无法与腾讯抗衡，但也成功地进入了第一阵营。更重要的是，千橡旗下聚集了当时最流行的 Web2. 0 概念的诸多子产品，而且接连拿到千万美元的风险投资，风头很盛。这样，腾讯又一个强有力的竞争对手出现了。

此后，腾讯的一个名为《MOP 七宗罪》的头条专题激起了行层浪，使两家的恩怨公之于众。这个时候，正是千橡意图转型为门户网站的关头，也是猫扑上市前的敏感阶段。

最终，猫扑没有如期上市，更使其在千橡矩阵中沦落为二线子部门的地位。但猫扑未能如期上市，并不是腾讯所导致的。2006 年前后外部环境的变化，特别是反流氓软件运动的发起，以及移动等电信运营商极其苛刻的短信新政，这一系列因素都让猫扑收入锐减，不得不将上市的计划搁浅。由此一来，腾讯最终成为这场竞争的赢家。

2. 马云和马化腾

2004 年，马化腾和马云在 CCTV 中国经济年度人物的评选中，马化腾当选为年度新锐人物，马云则更胜一筹，当选为年度经济人物。

他们虽然都在互联网的事业中取得了巨大的成功，但是马云和马化腾是两种类型的人。马云从来不放弃任何出来开口说话的机会，以草根创业家的身份去做公关。不管承认不承认，马云是个能吸引人们注意力的企业家。他的头很大，长相也比较独特，眼睛大而聚光，给人的第一印象就是充满智慧，即人们常说的身有异形；他妙语连珠，出口成章，在他身上发生的事即使没有争议，也期望存在争议，所以在他的身边不怕没有故事，而有故事的人往往都是媒体的宠儿。

而马化腾却恰恰相反，他几乎不会主动接受媒体的采访，即使是一些必须的新闻采访，他基本上也会推辞，实在推不掉就交给给公司高官或者与之有关的创始人。因此很多媒体记者都感慨，腾讯没有一个集中的话语传播中心或者对外发言人，遇到事情第一反应总是不知道该找谁。即便实在推不掉而接受记者采访，马化腾也基本上是依葫芦画瓢，完全按照公关部事先安排好的意思和说辞进行。

从外在形象来看，马化腾完全可以去竞选中国最帅、最有魅力的领导。马化腾身材挺拔俊俏，面如凝脂一点都夸张，因为他有着让很多腾讯女员工都羡慕甚至尖叫的好皮肤。不过，出现在媒体面前的马化腾却平淡内敛——是位只关注 QQ 的低调领袖，工作之外很少出去应酬，最喜欢的是和家人待在一起。

不过，为人处世风格和外在形象都迥然不同的马云和马化腾，却拥有大同小异的梦想和野心，那就是，有朝一日统领整个互联网世界，甚至在整个中国的工商界掀起一股狂潮，而他们也正在一步步地按计划实现着自己的梦想。

3. 李彦宏与马化腾的巅峰对话

2010 年 3 月 28 日，由深圳市政府与数字中国联合会共同主办的 2010 中国 IT 领袖峰会在深圳举行，百度董事长兼 CEO 李彦宏与腾讯董事长马化腾的巅峰对话成为全场最大亮点，平均几分钟就会引起一次掌声雷动，全场共计有 37 次掌声，现场座无虚席。

原定45分钟的对话延长了近半个小时后，由于组委会的不断提醒，他们终于在意犹未尽中结束了这场高端对话。而这场互联网最顶级的对话也被部分媒体誉为“足以与当年盖茨和乔布斯的历史性对话相提并论”。

李彦宏：百度和腾讯过去是朋友，现在也是朋友，以后也是朋友。我们在发展过程当中，至少从我的角度，还是说看对于百度来说，我们最需要的是什么，这个市场能够接受什么样的东西。我们有没有能力去做相应的事情，我们也不觉得说如果我们做了，别人不能做。我们觉得完全是一个开放自由竞争的市场，谁做得好，市场能够接受谁的产品，谁就更能够成功。过去十年，百度基本就做了一件事——中文搜索。我也经常在媒体上讲我们是一个非常非常专注的公司。百度说如果过去十年作出一些成绩的话，很大一个因素就是我们的专注……

马化腾：的确刚才这个比喻很好，很多人问腾讯像什么，我们自己其实也在一直在变化。我们也是幸运又不幸，我们所处的即时通讯，全球没有例子可以看。这个时候无意中缺了一块地，他们圈的都是楼，可以住的，我们是荒地，啥也不会，只能自己去学，去铲沙、建一个楼。过去11年，圈了地后什么都要学，我们现在也是向他们学习，我们是后进者，前面花了更多的精力在中国这块网络游戏、互动娱乐、社区这个板块，因为现在还是最大的一个板块，我们只能认这个现状，一定要随着中国网络发展客观趋势去适应它，但未来我们也确实非常非常看好搜索和电子商务，所以我们也在向他们学习，也尽可能让他们感到有一点点小压力，共同进步。否则Google退出的话，李彦宏会很失落，觉得没有对手了。

领导要明白“领”的真意

马化腾说：“腾讯不管在任何情况下，都不能以损害客户的利益为前提。这是最基本的原则。‘顾客是上帝’，服务好了顾客，自然就会有更多的顾客，这才是盈利的根本。”马化腾一直把公司的工作分为两部分，在内部关注员工的问题，在外部他考虑着未来到底做什么才能立于不败之地，两相结合，才是企业成功的要素。腾讯未来发展的基础，就是处理好内部之间的关系，完善自己的运作机制。

马化腾的成功，并不只是运气，还有他的领导魅力和对企业的正确决策。

俗话说：“三个臭皮匠，合成一个诸葛亮。”要避免决策失误，就不要搞一言堂，多听听大家的意见，集中大家的智慧。只有如此，就没有解决不了的问题。

各级领导干部和各级管理者，在自己的工作中，都要自觉树立民主意识，坚持群众路线。针对党政机关来说，党内民主是党的生命。针对企业来说，实行完善的企业民主管理是企业发展壮大的重要途径。发展党内民主，关键是广大党员干部要发扬民主作风，具备民主方法，遵守民主规章。实行企业民主管理，企业的高层管理者就要自觉树立自己的民主意识。完善相关制度。

提倡民主之风，管理者要“领唱”，而不能是“独唱”。发扬民主的优势在于集中群智，群策群力，用民主决策确保决策科学。不能把“分工”当成“分权”，应该学会运用民主方法凝聚共识，开展工作。一方面要练好内功，以身作则，率先垂范；另一方面要调和音律，整合方方面面的智慧和力量，使不同的声调、唱腔融汇成和谐的旋律。得民主之法，“弹好钢琴”不搞“一锤定音”。毛泽东同志强调我们党员干部的工作方法之一是学会“弹钢琴”，要十个指头都动作。这就要求我们领导干部或企业管理者要提升思维层次，把握工作重点，改进方式方法，做到有主见不主观，统揽而不包揽，善断但不武断。守民主之规，“一把手”不要成了“一霸手”。民主是一种素养，更是一种规矩。各级管理者都要守“程序”之规，守“公开”之规，畅通民主渠道。主动接受民主监督，时时处处接受监督，营造宽松的监督环境，用民主严监督，以监督保民主。

从党政领导班子的决策角度来说，民主决策机制主要是指用于规范党政领导班子决策行为，通过预定的程序、规则和方式，确保决策能广泛吸取各方意见、集中各方智慧、符合本地区实际、反映事物发展规律的制度设计和程序安排。它主要是由制度设计、程序设定、规则设立、机构设置有机构成的一个完整体系。从其含义来看，民主决策机制主要包括决策制度、决策规则、决策程序和决策机构四个要素。决策制度是民主决策机制的核心内容。

民主决策机制大量的内容体现为制度形式，并通过制度来规范和保障这一机制的有效运行。

作为要素的制度主要有：调查研究制度，社情民意反映制度，重大事项社会公示和听证制度，专家咨询制度，民主集中制，决策失误责任追究制等。决策规则是民主决策机制的重要内容，是制度运作的相关规定和实施细则规则通过对决策的范围、主体、原则、纪律、方式、方法等作出具体规定，使制度得到进一步细化，为制度的具体化、操作化提供有力的支持。作为要素的规则主要有：议事规则、表决规则、工作规则等。决策程序必须经过一系列相互衔接、环环相扣而又相互作用的环节和步骤。这些环节和步骤是民主决策机制必不可少的关节点，起着坚实的支点作用，哪个关节被省略、简化或颠倒，都将造成程序要素的不完整和缺失，最终导致机制的功能受损。

作为要素的程序至少有六个前后相继的环节和步骤：发现问题、确定目标，深入调研、形成预案，咨询论证、综合评估，集体研究、会议决定，组织动员、决策实施，监督反馈、修正完善。决策机构是民主决策机制的载体，制度、规则、程序的要素都要依托机构这个载体才能运作，机构起着重要的支撑作用。作为要素的机构主要有：决断机构，如各级地方党委、政府的领导班子；决策辅助机构，如调研机构、咨询机构、论证评估机构等。

实行科学民主决策，要做到以下四个“必须坚持”：一是必须坚持扩大民主。不断拓宽民主渠道，切实落实人民群众在决策中的知情权、参与权和建议权，更好地接受人民群众的监督。二是必须坚持依法决策。通过宪法、法律和法规来规范和约束决策主体、决策行为、决策程序，实现决策于法有据，决策行为依法进行，决策违法依法追究责任。三是必须坚持按规则和程序决策。建立健全决策机制，实现领导决策与群众参与、专家咨询相结合，集体决策与分工负责相结合，民主与集中相结合。四是坚持做到决策权责统一。决策权力有多大，就应该承担多大的责任，做到有权必有责、用权受监督、违法要追究。这些认识，既是以往实践的经验和体会，也是今后长期必须坚持的方针。

竞争要靠产品说话

腾讯 QQ 一直是国内即时通讯软件的佼佼者，也许正因为树大招风，引来了很多非官方的版本，珊瑚虫 QQ 就是其中比较有影响的一个。

当时，这个备受网友青睐的珊瑚虫是由陈寿福和 Quaful 组成研发团队。第三方改版 QQ 的盛行大大减少了使用原版 QQ 的用户，而且各种改版的 QQ 几乎都会去除广告显示 IP 地址。虽然 QQ 客户端广告不是腾讯的主要业务，但还是一个很大的数字，这无疑侵犯了腾讯及其广告客户的利益。另一方面，部分改版 QQ 擅自捆绑其他软件，给不知情的 QQ 用户带来困扰，这些用户自然会怪罪到腾讯头上。在这个形势下，腾讯不得不作出应对策略，那个人气最旺、技术最好的珊瑚虫自然难逃枪打出头鸟的命运。

腾讯于 2006 年将珊瑚虫告上法院。自此，珊瑚虫也走到了尽头，十余万元的赔偿金，这对其他正在制作第三方改版 QQ 的人也是一个警告。法院判定：腾讯公司作为涉案作品的著作权人，有权限制他人以营利为目的使用此作品，陈寿福未经许可在其网站设置涉案作品的下载服务行为属于侵权；腾讯公司诉称陈寿福在其网站上设置外挂程序等行为构成不正当竞争，证据不足；腾讯公司要求陈寿福赔偿经济损失 50 万元，亦证据不足。

从法院的判决中，有些人看到了另一层意思：只要不以营利为目的改版 QQ 就不能构成侵权，给 QQ 做外挂程序也不构成不正当竞争。这似乎不是腾讯想看到的，无疑让不以营利为目的的改版 QQ 制作者穿上了一袭防弹衣。

至此，很多人认为珊瑚虫的命运该就此落幕了。然而，令人意想不到的是，基于 V5 版增强包的珊瑚虫 QQ2007 再一次悄然问世。珊瑚虫 QQ 的再次出现无疑惹恼了腾讯，也为珊瑚虫的作者陈寿福带来了巨大的灾难，他于 2008 年春天入狱。最终，腾讯在这次战争中取得了胜利，那个曾经风靡一时的珊瑚虫 QQ 就此落幕。

当企业发展到一定程度时，总会有一些竞争对手通过不法途径与你的企业进行竞争。忍不是终归的办法，有时只有起来打压，才能解决问题。对于企业者来说，强硬的狼，才是赢道。

先发优势下的快鱼吃慢鱼

在腾讯公司诞生阶段，已经有几家公司在做即时通讯，但是只有腾讯公司取得了绝对胜利，在 QQ 诞生一年后，就占据了国内即时通讯的垄断性份额。腾讯公司在国内即时通讯的市场上，十年内始终保持着老大的位子，而老二的市场份额与其相差悬殊。其中重要的一个原因就是腾讯的先发优势，梅特卡夫定律详细解释了个中缘由。

梅特卡夫定律是 3Com 公司的创始人、计算机网络先驱罗伯特·梅特卡夫提出的，他认为网络的价值与互联网的用户数的平方成正比。与传统媒体的受众不同，互联网的用户不仅消费信息同时也生产信息。每位用户不是一个终点，而是一个结点。

互联网这种梅特卡夫规律效应作用是逐步发挥出来的。

互联网成为主要媒体的转折点发生在 1997 年。这一年有两个标志性事件，一是互联网浏览用户的数量超越了传统的电视节目的用产，有一项调查显示：现在美国人更愿意上 YAHOO 而不是去看 MTV。二是以网络为基础的数字化通信压倒了传统通信，其数字依据是，在一个抽样调查中，当被问到最常使用的通讯方式时，36% 人的回答是 E - mail，26% 是电话，电子邮件第一次战胜了电话成为可计算的交互方式。

数字经济的价值等于网络节点数的平方，这说明网络产生和带来的效益将随着网络用户的增加而呈指数形式增长。因此，网络上联网的计算机越多，每台电脑的价值就越大。依照梅特卡夫定律：新技术在普及的过程中就会变得有价值，当一项技术有一定的用户规模后，它的价值将会呈爆炸性增长。但一项技术多快才能有一个有效的用户规模？这取决于用户进入网络的代价，代价越低，达到必要用户规模的速度也越快。

而在中国，用网络沟通，一直是免费的大餐。人们可以免费浏览网站信息，阅读高端的财经新闻，用免费的电子邮箱发送信件；随着博客的普及，在网上可以轻而易举的发布信息，而搜索引擎的出现，使人们可以很轻易地找到自己所需要的信息。上网渐趋廉价化，宽带上网和包月越来越普及。

在这种免费的背景下，腾讯公司注册用户的数量呈现出一种爆发性的增长。为了扩大用户，腾讯公司在互联网上免费提供客户端软件下载，允许其他的软件下载网站提供 QQ 客户端的下载。不仅如此，腾讯公司还将 QQ 软件提供给各类电脑杂志，让他们在附带的光盘收录。如此一来，又笼络了一批用户。当然这一切都是免费的。种种措施，对腾讯公司扩大网络规模都起到了明显的效用。

到 1999 年底，OICQ 的注册用户已经达到空前的 130 多万，平均在线用户 15000 多人，占领了当时中国在线即时通讯 80% 以上的市场。到 2000 年，腾讯的 OICQ 已经占领了中国在线即时通讯 90% 以上的市场，基本上已经锁定了胜局。一个网络的价值在于这个网络的大小，如果网络无法突破临界容量，那么这个网络是没有什么价值的。而 QQ 软件推出仅仅一年的时间，就垄断了国内市场，轻而易举地突破了临界容量。

从 QQ 的发展历程来看，QQ 的用户是越来越多，网络价值是越来越大，而在 QQ 早期出现的很多即时通讯软件，如今要么是苟延残喘，要么是被人收购。往昔大鱼吃小鱼的故事，在互联网领域，被演绎成了快鱼吃慢鱼。那些白手起家、腰缠万贯的网络富豪们，以及每年涌现的数以万计的小公司，似乎坚持不懈地说明一个道理，大鱼吃小鱼的风景在这个网络时代已经消逝。在互联网领域，时间的因素被大大强化，甚至成为决定胜负的一张王牌。

对于时间的这种紧迫性，腾讯的马化腾显然深有感触。“在我们这个行业里，半年是个很大的概念。”这是马化腾在谈到他们上 OICQ 项目时提到的。当时就因为国内已经有两家公司在经营中文 OICQ 项目，而且比腾讯早了半年左右，这就足以使他们在涉足这一领域时心怀忐忑。“在即时通讯这一行里，没有老二，只有老大。”马化腾如此说。

与危机狭路相逢

保持创新，过去十年，中国互联网利用本土优势成功抵御了国际巨头的进攻，取得了全面胜利，但真正决定中国互联网生死存亡的是接下来的十年。这十年中国企业不仅要和国际企业比拼服务，更要拼创新和核心技术能力。

在全球性金融危机的冲击之下，很多企业无以为继纷纷倒闭了。一个昔日小小的 QQ 却能够在全球经济危机爆发的情况下仍然取得不俗的业绩。据 2008 年的财报显示，腾讯总收入达到人民币 71.6 亿元，同比增长 87.2%，期内盈利人民币 28.2 亿元，同比增长 79.6%，保持了上市以来的连续 18 个季度的规模增长。腾讯前进的三驾马车，也就是传统互联网增值业务、移动及电信增值业务与网络游戏，被业界公认为是业绩坚挺的主动力。

对于这个成绩，马化腾表示，他们之所以能取得这一成绩，主要是因为腾讯拥有一个防守性较强的经营模式。所以，在面对互联网“寒冬”时，他们这个稳健的经营模式能够发挥非常有效的作用。

就这个问题，马化腾曾在媒体上说：“就历史经验来看，互联网产业、游戏产业可能不像其他行业那样容易受到经济萧条的影响，乐观的看法甚至认为，失业人数增加、开支的节省以及借娱乐逃避现实等因素，反倒会使得互联网业有更大的发展。”马化腾还讲道，在危机四伏的形势下，他并不恐惧，他反而认为“我们在很多业务方面积极寻求如何更好的发挥作用。腾讯采取两条腿走路方式，一方面是自主研发，另一方面是引进代理、合作开发，包括投资、参股、控股，以保证游戏供应线的丰满，尽量不把同种类的游戏产品补得比较全面。”

所以，就算与危机狭路相逢，腾讯依然能够从容应对。

对于企业来说，没有危机感就没有前进的动力，企业管理者要时时让危机感提醒自己，才能够有所发展，取得更加骄人的成绩。成功不是一条平坦的大道，善于应对危机的人更容易成功！

进军网游：腾讯应对危机的宝贝

2010年对网游业来说，是不平凡的一年。经过“黄金十年”，产业发展出现了集体增长幅度下滑的趋势。但在此大环境下，腾讯网游营收却一枝独秀。资料显示，腾讯网游2010年Q3游戏的营收高达25.572亿元人民币，稳居行业榜首。

其实，腾讯进军网游市场的时间并不长，何以其在短时间内一跃成为行业头牌？腾讯游戏副总裁程武在接受本报记者采访时表示，“用心创造快乐”正是腾讯网游的成功之道。

在2010年网游业增长幅度整体下滑的情况下，腾讯却于今年初大举进军国际市场。腾讯此举，意欲何为？

伴随兔年第一场瑞雪，腾讯宣布斥资3.5亿美元收购美国网游商Riot大部分股权，这是腾讯集团有史以来最大手笔的一次收购。

应该说，2010年，整个网游行业的发展并不理想，“瓶颈一说”更是得到诸多网游大佬们的认同。国内网游企业正在抱团过冬，腾讯却为何在此时将触角伸向海外市场呢？

程武却不苟同“瓶颈一说”，他认为，“在整个行业经历长达10年高速发展后，中国网游业在2010年出现整体增长放缓的趋势，是正常调整。网游业大的发展趋势依旧良好”。腾讯网游做出2011年开拓国际网游市场的决定，正是对这一前景充满信心。

为配合这一新的战略方向，2011年腾讯网游有两大新动作：首先，持续开拓细分市场。腾讯将一如既往推出不同风格和类型的多款新产品，其中包括《御龙在天》这样的MMORPG、即时战略题材网游《英雄联盟》、轻松休闲风格可爱的横版网游《QQ仙境》等，同时也会在网页游戏、社交游戏这样新兴题材的细分市场继续布局；其次，持续建设“腾讯游戏”品牌，全方位服务用户。腾讯游戏于2010年底发布了全新品牌形象和旗下四大平台，这标志着腾讯游戏的全新起点。2011年，腾讯游戏在基本的产品发布、运营之外，还会持续进行整体品牌建设的工作，让所有用户感受到全方位的服务和快乐。

1. 有“小”有“重”

网易的《魔兽世界》《梦幻西游》，巨人的《征途》……但腾讯网游给外界的印象一直是偏重休闲娱乐的“小”游戏，缺乏“重量级”游戏产品。程武向记者澄清了这一误解。

“腾讯虽然一开始是以《QQ游戏》《QQ堂》这样偏休闲性质的产品为起点进入中国网游市场，但是现在已经发展建设成为涵盖多个细分品类的多元化产品线。”程武介绍，诸如FPS网游《穿越火线》和格斗网游《地下城与勇士》，目前同时在线数已经超过200万大关。它们均是带有浓厚竞技性的游戏产品，与传统休闲娱乐的概念有较大差异。

在程武看来，所谓的“重量级”并非只局限于形容《魔兽世界》《梦幻西游》这样的MMORPG产品，而需要从用户数、影响力等角度进行全面考量。在中国网游行业10年发展中诞生的9款百万在线网游中，腾讯游戏占了接近一半的数量，包括竞速网游《QQ飞车》、音乐网游《QQ炫舞》等，它们在全国范围开展的竞技赛事，吸引了高达数千万人次参与，它们都是名副其实的“重量级”游戏产品。

2. 创新规避“同质化”

“同质化”曾经是某些网游公司走向成功的捷径，但“网络游戏考验的是创意和用心，这是它作为一款产品的核心价值，并非仅仅依靠资金和人力的堆砌就能简单代替。”程武认为，经过10年熏陶，中国网游用户早已练就了一双“火眼金睛”，对一款产品是否粗制滥造已经能一目了然，“同质化”产品越来越没有侥幸成功的机会。

在规避“同质化”方面，腾讯做了两方面的努力：首先，在研发、运营和市场推广中避免急功近利的心态，真正满足用户的需求。其次，积极开拓网络游戏的细分市场，以全新类型和玩法的游戏产品，避免落入“同质化”的窠臼。“目前，腾讯游戏已经搭建了较为全面的网游产品线，今后也会在新的细分市场不断进行探索。”程武告诉记者。

3. 成功是“用心”做出来的

腾讯游戏的精神是“用心创造快乐”。而这正是腾讯网游的成功秘笈。秉承腾讯为用户提供“一站式在线生活服务”的战略目标，腾讯游戏自 2003 年开始一直积极开拓网游市场。“我们希望能够满足用户越来越多元化的互动娱乐需求，希望能用自己的用心为用户创造更多的积极快乐。”

腾讯网游的“用心”体现在对用户需求的研究和把握、对用户体验的关注和提升等多个环节。“腾讯游戏依托积极开拓网游细分市场的战略，走出了一条与其他网游运营商有所差异的道路。”同时，腾讯游戏还积极进行用户研究，通过各种科学调研分析，对产品研发运营和市场营销推广进行指导，“这也为腾讯游戏一直高速平稳的增长奠定了基础”。

当然，2010 年网游业增长整体下滑的形式，还是给腾讯敲响了警钟。程武认为，要在大环境不好的情况下突出重围，“网游企业的发展、行业的发展，需要对未被充分满足的用户需求的不断挖掘所驱动”。腾讯游戏总裁任宇昕先生在 2010 年的“ChinaJoy 高峰论坛”上也提到，网游运营商应该回归用户需求，通过产品和服务来满足用户，为用户创造真正的价值。如果忽视了这一点，而只把目光定在单纯的商业增长上，一定不会获得持久的发展。

这也正是腾讯游戏的精神——“用心创造快乐”的核心意义。

要有顺应潮流的勇气

即使坐拥千亿美元市值和移动互联网的船票，马化腾依然感觉危机可能随时袭来。

在日前举行的腾讯 WE 大会上，腾讯董事会主席兼 CEO 马化腾在会上发表演讲时指出，“市值高了，也很怕”，现在拿到所谓的船票、门票，能不能走到终点不一定，还是要多多思考。与此同时，马化腾还以“诺基亚”为鉴，不忘提醒同业，“巨人倒下时，身上还是暖的”。

本周，在深圳保利剧院，自诩“一个成为企业家的 IT 男”的马化腾走上舞台，做了一场关于《通向互联网未来的七个路标》的讲演。

马化腾表示，移动互联网不仅颠覆了 PC 互联网、也让传统产业发生翻天覆地的变化时，每个企业都没有详细的地图，需要摸着石头过河，但中间也有一些规律可循。这些规律被总结为七个路标，依次是：连接一切；“互联网 +”；开放的协作；消费者参与决策；数据成为资源；顺应潮流的勇气；连接一切的风险。

其中，在“顺应潮流的勇气”的话题中，马化腾以曾经市值 2000 亿美元的诺基亚最后以 4 亿美元抛售手机业务，以及黑莓公司 40 亿美元的价格依然难觅卖主为例，谈及他心中的担忧：“稍微没有跟上形势就可能会倒下”。

“这就是发生在我们的身边血淋淋的案例，巨人倒下了，体温还是暖的。”马化腾表示：“你一定要深思这个行业怎么发展。现在拿到所谓的船票、门票也不一定能走到终点。”

今年 9 月，腾讯总市值达到千亿美元，这是中国互联网公司市值首次突破千亿美元大关。但类似的表态却多次被提及，就在不久前举行的众安保险开业“三马同台”辩论中，马化腾亦提到，QQ虽大，但始终有不知何处而来的恐惧。

马化腾说：“要有顺应潮流的勇气，很多人都知道应该怎么做，但事到临头总有很多既得利益的牵绊。”

此外，马化腾还提出，互联网已经不再是虚拟经济了，以后会是主体经济不可分割的一部分，这是一个大趋势。这与百度创始人李彦宏早前提出的“中国互联网正在加速淘汰传统产业，传统产业都面临着互联网的冲击”这一观点类似。

他在“互联网+”这一主题中，进一步阐释了这个观点。“互联网加的是什么？加的是传统的各行各业。加通信是最直接的；加媒体产生网络媒体，对传统媒体影响很大；加娱乐产生网络游戏，已经把以前的游戏颠覆了；加零售产生电子商务，过去认为电商的份额很小，但现在已经不可逆转地走向颠覆实体的零售行业。”

但马化腾认为，传统行业的每一个细分领域的力量仍然是无比强大的，互联网仍然只是一个工具。“所有的传统行业不用怕，就跟过去没有电一样，只不过是有电可以电子化，有互联网也“会衍生出很多新的机会。”

基于此，马化腾再提出第三个路标“开放的协作”。马化腾说，任何一家公司单凭一己之力，已远远无法满足用户的需求，因此企业必须要有开放的心态。“企业还会存在，但是形态一定要转型，他会聚焦在他的核心模块，把其他模块和社会上更有效率的中小企业分享合作。”

他特别提到此前在众安保险开业仪式上与平安的马明哲交流话题。“他提醒我，未来五到十年，现金和信用卡会消失一半，未来十到二十年，银行或者是大部分银行营业点的前台会消失，后台也消失，保留中台就是核心服务，因为前后台都可以外包出去。我没有想到服务业也可以这么做，但这个方向也启发了我们。”